埃及的历史

[英] 海伦·斯特拉德威克 总编辑

刘雪婷 谭琪 等 译

古埃及史话

THE ENCYCLOPEDIA OF ANCIENT EGYPT

上海科学技术文献出版社
Shanghai Scientific and Technological Literature Press

图书在版编目（CIP）数据

埃及的历史 /（英）斯特拉德威克总编辑；刘雪婷，谭琪等译．—上海：上海科学技术文献出版社，2014.8
（古埃及史话）
ISBN 978-7-5439-6346-7

Ⅰ．①埃… Ⅱ．①斯…②刘…③谭… Ⅲ．①埃及—古代史 Ⅳ．①K411.2

中国版本图书馆 CIP 数据核字（2014）第 166455 号

图字：09-2007-478

责任编辑：张　树　李　莺
封面设计：樱　桃

古埃及史话——埃及的历史
[英]海伦·斯特拉德威克　总编辑　刘雪婷　谭　琪　等译
出版发行：上海科学技术文献出版社
地　　址：上海市长乐路 746 号
邮政编码：200040
经　　销：全国新华书店
印　　刷：昆山市亭林印刷有限责任公司
开　　本：720×1000　1/16
印　　张：11
版　　次：2014 年 8 月第 1 版　2016 年 11 月第 2 次印刷
书　　号：ISBN 978-7-5439-6346-7
定　　价：38.00 元
http://www.sstlp.com

目录

CONTENTS

历 史

历史

埃及位于非洲东北角撒哈拉沙漠这个世界上最荒漠的地区，雨水稀少。然而，由于尼罗河流经埃及大部分地区，使埃及水源充足，土壤富饶，这一点在埃及成为古代世界最重要的文明发源地之一的历史事实中起着重要的作用。

现代历史学家按照公元前3世纪埃及牧师马纳索（Manetho）最早以希腊划分朝代的方式来划分朝代。从划分的朝代可以看出，许多朝代的统治者同属一个家族。尽管这样的划分与这个统治家族的实际历史变迁有诸多不符，但人们还是一直沿用这一划分方法。

王朝和时代

朝代通常可以细划为不同的王朝（古王朝、中古时期和新王朝），通常是按照特殊的稳定时期划分的。埃及历史上最早的纪元一般指史前期和早期两代王朝时期。

穿插在王朝与王朝中的阶段为过渡阶段，过渡阶段是指国王领导的集权政府统治被推翻，国家暂处于无主的时期。过渡阶段中的最后一次（第三次过渡时期）出现在新王朝之后，在它以后建立的王朝叫作上埃及。

▼ **古代文明**

各个时代的陶瓷制品（顺时针方向左起）：哈赛普苏王后（Queen Hatshepsut）（公元前1473—公元前1458年）雕像中的一部分，史前期（公元前3500—公元前3100年）格尔津（Gerzean）陶器和一个雕有提尼泰（Thinite）早期（公元前3100—公元前2686年）打猎场面的光洁的皂石圆盘。

埃及，尼罗河的礼物

尼罗河滋养着埃及南北大部地区，在汇入地中海之前形成了一个巨大的三角洲。可以肯定地说，没有尼罗河的养育，埃及只能是一片巨大的沙漠。面对这一奇特的地理构造，希腊历史学家希罗多德（公元前483—公元前420年）发出了"埃及——尼罗河的礼物"之感叹。

公元前5000年左右，气候的变化将撒哈拉的大片草场变成了沙漠，以打猎为生的牧民被迫迁往尼罗河谷一带，在尼罗河谷富饶的土壤上播种收获，饲养家畜，建立稳定的社会生活，而经济的发展又促进了国家的形成。尼罗河在三千多年来埃及文明的形成和发展中起着至关重要的作用。

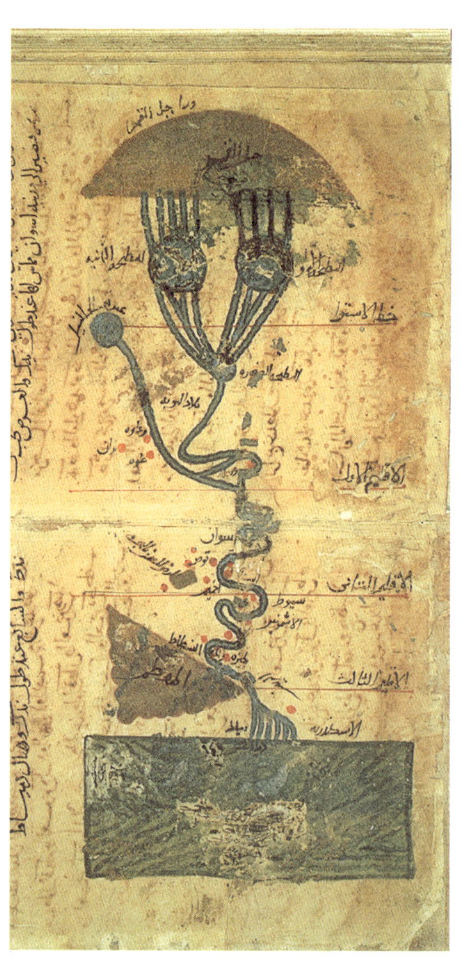

◀ **中世纪时期地图**

中世纪的阿拉伯游人在看到古埃及遗址后惊叹不已，在其后的多部作品中描绘了这个国家、人民的服饰、巍峨壮观的纪念碑，有的作品还绘制了城镇、村庄和自然景致。

这幅作于9世纪的地图标出了尼罗河，尼罗河左面为发幼姆（Fayoum）绿洲，绿洲通过巴约瑟夫（Bahr Yussef）运河与尼罗河相连。尼罗河在北部进入三角洲地区，之后分成6条支流。

▼ **棕榈树**

埃及的土地上长满了高大的椰枣树，盛产饱满的大枣和椰子，坚硬的椰壳中是营养丰富的果实。这幅图画描绘了埃及金字塔附近地区，在微风中摇曳着的椰树、骆驼、牧人和驴的影子投射到了运河的水中，完全真实反映了埃及的乡村生活。

早期埃及人完全依赖尼罗河，尤其是在每年尼罗河水泛滥时，洪水都会将肥沃的淤泥冲到这片广袤的土地上，滋养大片田地。尼罗河带给这片土地的还有鱼类、水禽、书写用纸；编筐、编席用的竹苇和草；制陶和制砖用的泥土，使埃及走上了建立一统国家的道路。尼罗河之所以如此重要还在于埃及人非常看重每年以哈比神（Hapy）形式发生的洪水。哈比神是富饶的象征，他长着女人的胸脯，身穿女人的服装，蓝绿色的肌肉代表着植物的再生和水域。

与尼罗河有关的其他图腾崇拜包括蛙首女神赫凯特（Heket）、塔威蕾（Taweret）河马女神，这两个女神都和分娩有密不可分的联系。

开罗

孟菲斯

▲ **卫星拍摄的埃及**

尼罗河洪水滋养的富饶的土地（图中橘色地区），在流过沙漠地带时，沿河流堤岸形成细带状。当尼罗河分为两条主要支流和在开罗北面形成几条更小的支流时，富饶的土地就在三角洲一带形成。

洪　水

古代埃及生活的整个节奏都受到尼罗河每年暴发的洪水控制。1964年，阿斯旺大坝（the Aswan Dam）正式开通，调控了洪水。在此之前，尼罗河在每年6月15日前后都要在阿斯旺附近暴发洪水。整个夏季水势逐渐上涨，9月份达到最高峰，进入秋季后，水势逐渐减弱。

◀ **纸莎草**

莲花和纸莎草是代表古埃及的两种植物，被当时的人们用来编篮子、造船、制作家具、编草席等各种物品，盛产于三角洲地区的沼泽湿地，是埃及低地的典型植物。

▶ 为洪水的到来作准备

刻在尼罗河岸上的数级阶梯叫做水位表，用于预测洪水的高度。如果预测即将到来的洪水水位很高，埃及人就要把他们的财产物品搬到高地上；如果预测洪水很小，他们就会动用前一年的粮食储备，度过洪水期。

▲ 交通线路

流经埃及从南到北全境的尼罗河是埃及交通的主要路径。用纸莎草做的船只、货船和装载乘客的木船穿梭于尼罗河上。在阿斯旺和努比亚，穿过洪水前行需要水手具备较高技巧。

◀ 努比亚人

在古埃及王朝（公元前2686—公元前2181年），埃及人将他们在努比亚一线的路途延长至阿斯旺南部和第一个大瀑布，他们在那里开始开采黄金。为了保住他们在这一区域的王朝统治，镇压努比亚人的造反，中王朝（公元前2066—公元前1650年）法老开始建造大型堡垒要塞。

▲ 单峰骆驼

现在埃及境内的阿拉伯单峰骆驼在法老时代是不用的，当时毛驴是主要的牲畜。单峰骆驼非常适应沙漠的极端气候，大约自托勒密时期（Ptolemaic times）起就往来于尼罗河谷到沙漠绿洲，再到努比亚一线。

▼ 丰富资源的流失

自19世纪90年代阿斯旺大坝的建成，尼罗河水就不再每年为沿线土地带去丰富的营养，但河水中仍有大量的鱼，为埃及人提供丰富的水产品。在王朝统治前就使用的捕鱼方式一直延续至今，未发生大的改变。

洪水泛滥期间，农民不得不放下农活，加入修建庙宇、纪念碑等建筑物的大军。11月时，农民们又会回到田间地头，耕种被洪水中营养物滋养了的土地，为第二年的春种打下良好的基础。

为了记录河水的高度，预测土壤的肥沃程度和粮食产量，古埃及人发明了水位表，上面刻有数级阶梯，用于测量水位。如果预测水位过高，人们就会搬到高地上去；如果水位不高，只要依赖以前的粮食储备就可以度过洪水期。干旱引发传染病和国内的混乱局面，有人说一系列的洪水导致了公元前2181年古代王朝的终结。

▼ **在水域之上**

为防止一年一度的洪水给他们带来的巨大损失，古埃及人都把城镇、乡村建在远离河流的高地。尽管采取了种种防御措施，他们也常常会在大规模的洪水面前束手无策，听凭洪水的摆布。

◀ **灌溉**

埃及人利用各种方式从河流和运河中取水。最古老的方式可追溯到法老时期，当时采用桔棒汲水（上图），就是一根棍的一端拴上水桶，另一端拴在固定物上以保持平衡。始用于托勒密时期的水轮（中图）是个垂直的轮子，上面装有容器，用牛拉转。与水轮同时使用的阿基米德涡轮（下图）通过鼓形圆桶的转动取水。

▶ **小帆船**

如今，帆船仍和法老时期一样航行在尼罗河上，只是古代船只上的直角帆为现代帆船的三角帆所取代。这些给人以深刻印象的船队接送游客航行于卢克索和阿斯旺之间。

历前时期（大约公元前5500—公元前3100年）

法老之前的埃及

尽管对于前王朝时代的埃及我们知之甚少，但考古发现却显示法老统治前的埃及存在着复杂而迷人的文化。

随着沙漠蚕食着曾经富庶的非洲大草原，北非的游牧猎人采集者们也逐渐定居在尼罗河及沙漠中的绿洲地区，他们的生活方式也转变为放牧及驯养动物。直至公元前4000年，埃及阿姆拉特（Amratian）时代初期（也被称做内加达文化（Naqada I）第一阶段），他们开始种植小麦和大麦，饲养山羊、绵羊、牛和猪，并驯养驴和奶牛。他们还制造了第一批陶器、砖块、化妆调色板及战争权杖。

用于贮藏和运输的外观呈黑色的红黏土陶器非常有特色，但此时也开始被刻有图案的陶器所取代，这些图案主要是描绘人们打猎和日常生活的场景。随葬品中包括黏土及象牙人像和石头器皿。接近埃及阿姆拉特时代末期，在卢克索（Luxor）北部的内加达（Naqada）和卢克索南部的希拉康波利斯（Hierakonpolis）地区出现了人口密度较低、分布杂乱的聚居区。

▼ **刀锋**

刀锋绑在木质、骨质或象牙质刀柄上。史前刀具用来为动物剥皮屠肉。

◀ **晚期燧石制品**

前王朝时代末期，石头刀片已刻出精细而锋利的锯齿边。

▼ 箭头状物

尖锐的箭头状物绑在木质长柄上，用于在大草原上猎取大量野生动物。曾极为富饶的大草原现在已成沙漠。

步兵们围着缠腰布在进行徒手肉搏。

刀柄中部刻画的是3条由纸莎草做成的浅槽小船和两条船首垂直的小船之间的海战。

身穿不同的珠绣长袍的战士在对峙。尽管他们的穿着很特别，但其身份仍未被确认。

► Gebel el-Arak 匕首

这个武器铸于公元前3200年左右，现珍藏于巴黎卢浮宫内，是埃及顶级艺术瑰宝之一。燧石刀片呈浅色，纹理呈波纹状，颇为与众不同，嵌于由河马獠牙制成的刀柄中。匕首一面刻着陆战及海战图，另一面刻着一位长胡子男子控制着两头驯服的狮子。这一设计源于美索不达米亚（Mesopotamia）文明。

▼ 岩石艺术

和其他地方一样，埃及的史前游牧猎人们也发展了岩石艺术。这些雕刻艺术是在沙漠东部的瓦迪哈马马特（Wadi Hammamat）地区发现的。上面刻画的是猎人们的猎物，也许是一种感应巫术（sympathetic magic），其目的是保佑打猎成功。

格尔塞时期

公元前3500年—公元前3100年是前王朝时代的最后阶段，被称作格尔塞时期（Gerzean Period，也称作内加达文化第二阶段），是根据格尔塞（Gerza）的一处遗址命名。格尔塞位于开罗南部80千米（约50英里）。这处沙漠当时是最为干燥的地区，尽管内加达和希拉康波利斯已经成为联系紧密的城邦，但人们仍选择定居在法尤姆（Farum）绿洲及东北部三角洲地区。

那时的随葬品中出现了动物形状的化妆调色板、硬石器皿和权杖头。由浅色黏土制成，外表涂有红赭色装饰图案的陶器上也开始出现巴勒斯坦及美索不达米亚主题。这一时期还出现了做工最为精良的燧石工具，以其波纹状刀锋及象牙和骨质刀柄而著称。刀柄上一般都刻有反映人们打猎和战争场景的浮雕。化妆调色盘也开始更追求礼仪价值而非实用，上面刻有战斗场景及真实存在或虚构的野生动物。

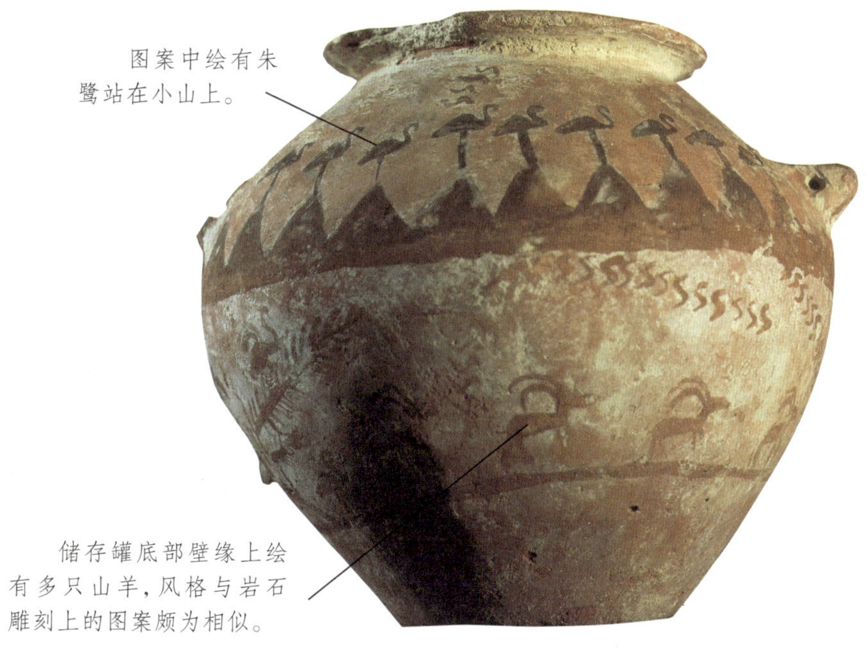

图案中绘有朱鹭站在小山上。

储存罐底部壁缘上绘有多只山羊，风格与岩石雕刻上的图案颇为相似。

格尔塞陶器

格尔塞陶器（公元前3500—公元前3100年）发现于上埃及以南地区。浅色黏土及红赭色装饰图案是这时期陶器的主要特点。

知识窗

前王朝时期的织物

在底比斯（Thebes）南部约30千米（18英里）处上埃及戈伯伦（Gebelein）地区的一处前朝古墓中发现了这块制作精良的亚麻布品碎片，上面印有红、黑两种颜色。这块残破的亚麻布被发现时，被卷放在墓主尸体旁边。布上绘有两条小船，船上有两个船舱，船头船尾微微弯曲。两条船上分别有一位领航员和几位划手。同一布品的其他碎片绘有妇女们舞蹈和猎获河马的场景。

▼ **阿姆拉特陶器**

图中是阿姆拉特时期（公元前4000—公元前3500年）的连体双花瓶，表面漆有发亮的红赭色颜料。上面的装饰图案呈白色，绘有山羊和人形及几何形图案。

◀ **镰刀**

最初埃及农民制作的工具都是为了适应他们新的农耕活动。为了收割大麦和小麦，他们使用一种有雕刻图文、嵌入木质刀柄的锯齿状燧石刀片。这种刀片非常有效，直至法老时期仍为人们所用。

▼ **阿姆拉特陶器**

阿姆拉特时期（大约公元前4000—公元前3500年）陶器的特点是边缘呈黑色，主体为红色。设计主要包括碗和图中所示的大花瓶，约为50厘米（20英寸）高。

内加达和希拉康波利斯那时都已有城墙，而且墓园的坟墓大小也开始有所不同，显示了这个已成形的社会的进化及不同阶层的发展。最大的坟墓是由砖块砌成。希拉康波利斯的一座大坟墓中有壁画，这是埃及可考的首个坟墓壁画。壁画上描绘的战斗场面和权力主题暗示着在已确立的城邦中发展出了敌对的王国。

► **赫鲁斯神（Horus）**

这个12世纪（公元前1993—公元前1776年）的金猎鹰头发现于希拉康波利斯的赫鲁斯神庙中。赫鲁斯是这座城市的守护神。

在前王朝时期，位于卢克索南部80千米（50英里）处的希拉康波利斯城是上埃及地区主要的人口聚集中心。

◄ **希拉康波利斯壁画**

在格尔赛时期（公元前3500—公元前3100年），一位希拉康波利斯王子命令在他的坟墓中绘制壁画。打猎和战争场景周围环绕着6条小船，这反映出坟墓主人生活在暴力世界中。

化妆调色板

用来混合调制化妆品的泥岩调色板最早出现于阿姆拉特时期（大约公元前4000—公元前3500年）。到了格尔赛晚期（大约公元前3100年），化妆调色板已经失去了其最初的作用，上面刻有浮雕，已经成为祭祀供奉物品。现在收藏于牛津的博德利博物馆（Bodleian Museum）的希拉康波利斯化妆调色板是现今保存最为完好的化妆调色板之一，上面刻有打斗的动物图案。

▼ 希拉康波利斯壁画

20世纪初期，在希拉康波利斯王子的古墓中，埃及古物学者发现了埃及最为古老的壁画（公元前3500—公元前3300年）。古墓的墙壁是由表面涂有灰泥的土坯垒成。坟墓中有一面低墙将坟墓分隔开来，在低墙的一面和坟墓的西墙上绘有黑色、红色和白色的壁画，从黄赭色的背景墙壁中凸起。上面绘有船只，船周围绘有对峙的战士和猎人。这种图案和在陶瓶及化妆盘上的图案是一致的。

知识窗

“公牛”化妆调色板和最初的象形文字

现在在巴黎卢浮宫展示的“公牛”化妆调色板上刻有一位获胜的国王，以正踩踏敌人的公牛形象出现。下面是两个城墙为锯齿状的城邦的图形，其中一个图形已经不完整了。

在这个城墙坚固的城邦中刻制了两个象形文字，这是埃及文字中最为古老的符号。这两个象形文字代表的是一座古老城邦的名字。以公牛形式出现的国王形象贯穿于整个埃及历史。确实，“强大的公牛”已经成为法老的特征之一，并成为其礼节名字。收藏于开罗博物馆的那尔迈石板上刻画了一个以公牛形象出现的国王踩踏敌人的类似的场景。

石板的另一面刻画了附有象形符号的囚犯。

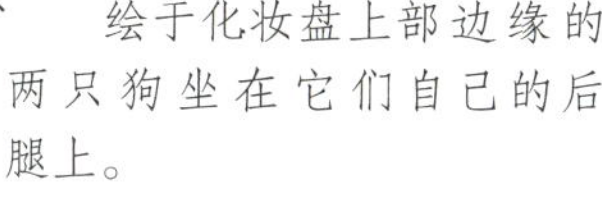

绘于化妆盘上部边缘的两只狗坐在它们自己的后腿上。

吸盘或杯状处是用来磨制、混合眼影粉的。

吸盘周围镶有脖颈为蛇状的狮子。

瞪羚、巨角塔尔羊及山羊正在被狗追赶。

将动物垂直排列等埃及设计手法已经开始得到运用。

史前时期（公元前5500—公元前3100年）

无历史记载的王朝

前王朝时代（公元前5500—公元前3100年）的最后一个阶段，在埃及各个不同派别之间出现了争夺整个埃及统治权的斗争，导致了埃及首个国家政权的出现。

▲ 红色王冠

浮雕上刻画了一位国王坐在宝座上，头戴下埃及地区的红色王冠，身穿赫卜塞德（heb-sed）服饰。

第零王朝（“Zero” Dynasty）这个名字很令人讶异，它强调了我们对于法老时代前的古埃及历史还没有完全了解。德国考古学家的研究创造了这个王朝，它与已知的历史记录是相矛盾的。例如，他们发现埃及统一前就由国王统治。这些早期统治者被称做“赫鲁斯国王”，因为国王的名字是被刻在代表王宫的矩形方框（serekh）中。这种方框是一种象形符号，是王宫门面装饰的组成部分，里面刻着君主的名字。王宫门面方框的上方刻有一只猎鹰，象征着赫鲁斯神。在之后的埃及王朝中，在矩形方框基础上还增加了椭圆形名字徽框（cartouche），里面圈有国王的王位和出生名字。

在位于阿比多斯（Abydos）城的蝎子王（Scorpion）、埃里霍尔（Herihor）、卡（Ka）等几位国王古墓的随葬品中发现了几个刻有铭文的物品，这证明了古埃及人在大约公元前3150年之前就已经创造了书写系统。遗址处的最新发现同样显示出“蝎子”也许是一个头衔，而非名字。

区域势力

前王朝末期，权力中心集中在内加达、希拉康波利斯和提尼斯（Thinis）地区，墓地集中在阿比多斯。这些地区的势力间出现冲突，使得上埃及地区获得了发展，并以希拉康波利斯（埃及语称其为奈赫恩（Nekhen））为都城。这个地区的国王们不断将势力扩展到北部的内加达，最终定都提尼斯。

▼ 刻有战斗场景的石板

促成上、下埃及统一的事件是当时描绘暴力征服的艺术品中常见的主题。此石板上描绘的是被捕后的战俘成为禽类食物的场景。

两面旗帜上绘有两只鸟的图案，两只鸟分别是太阳神赫鲁斯猎鹰和月神托特（Thoth）的朱鹭。

“国家”一词的象形文字，顶部附有纸莎草纸片，意思是“下埃及土地”。

王室旗帜上绘有带子，用来将囚犯的胳膊绑在他们身后。

秃鹰和其他猎鸟从空中俯冲到死去士兵的身上，啄食他们的眼睛。

以狮子形式出现的国王撞倒了一名敌人，并在盛怒中将其撕成碎片。

见证统一

在提尼斯统治的国王们为与他们的家乡地区保持友好关系，特在希拉康波利斯的赫鲁斯神庙中上贡。在所谓的神庙的主堆积（Main Deposit）处发现了蝎子王的仪式权杖、第一王朝缔造者那尔迈（Narmar）用的进贡时的石板。上埃及的统治者将其领土从提尼斯延伸到北部的三角洲（the Delta）地区，并进一步延伸到南部的第一大瀑布（First Cataract）地区。

第零王朝的国王们被埋葬在位于阿比多斯的U形墓地中，是遗址最为古老的一部分。这个地区后来成为欧西里斯教（cult of Osiris）的中心。然而大部分国王的名字还未被破解。现在我们把与U形墓地相连的墓地称做乌姆艾尔凯博（Umm el-Qa'ab），里面存放着早期王朝时期（公元前3100—公元前2686年）法老们的古墓。两个墓地在埋葬风格和墓葬品方面均有很强的文化联系，因此王朝时期的创立很可能还要更早。

◀ **统一时期**

这张地图显示了上、下埃及统一前最为重要的权力中心。希拉康波利斯的国王们征服了内加达和提尼斯，而后将领土延伸到北部的三角洲地区，再进一步延伸到南部的第一大瀑布地区。

◀ **哈索尔国王（King Hathor）**

这个刻在一个黏土器皿上的矩形方框中没有猎鹰，里面刻有第零王朝统治者哈索尔国王的名字。由于“Hat”代表“第一”，“Hor”代表“赫鲁斯”，因此哈索尔国王的名字的意思是“赫鲁斯至高无上”。

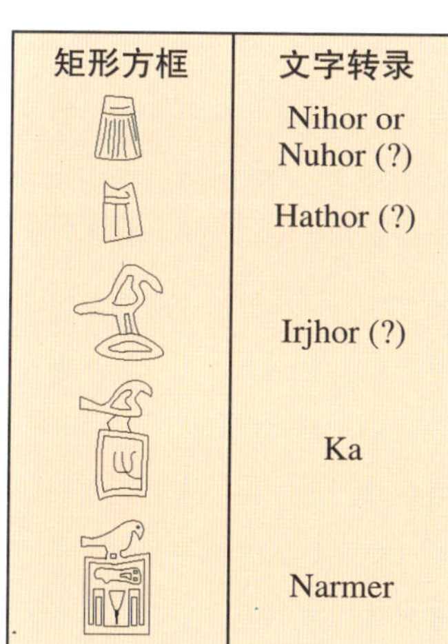

矩形方框	文字转录
	Nihor or Nuhor (?)
	Hathor (?)
	Irjhor (?)
	Ka
	Narmer

◀ **第零王朝的国王们**

在图表中前两个名字的矩形方框中缺少了赫鲁斯猎鹰的形象，这两个象形文字代表的是尼霍尔（Nihor）或努霍尔（Nuhor）和哈索尔。下面代表伊尔吉霍尔（Irjhor）的象形文字中有猎鹰的形象，但缺少了矩形方框。在国王卡和国王那尔迈的名字中，矩形方框和猎鹰这两个元素首次一起出现。

▶ **Gerbel el–Araq 刀具**

像上图的礼仪权杖头和这把刀（收藏在巴黎卢浮宫）等物品都是皇权势力的象征。在河马牙质刀柄的一面描绘了狩猎场景，刻画了狗、狮子和野山羊。在刀柄的上部刻画了一位身着美索不达米亚服装，正在驯服两只狮子的男子形象。刀柄的另一面刻画了4排战斗场景，光头士兵在与长发敌人激战的场面。这些主题反映了公元前4000年末埃及文明和美索不达米亚文明间存在着联系。

那尔迈，古埃及的第一位法老

上、下埃及于公元前3100年左右实现了统一，这为法老时代的埃及奠定了基础。那尔迈是联合王国的缔造者和统治者——第一位法老吗？

相关链接　埃及的双重王冠

上、下埃及的统一能够在国王的仪式礼服上反映出来，代表各个地区的皇冠都有其独特形状。这个形状被认为是当地统治者的重要标志。

作为埃及统一后的统治者，法老头戴双重王冠。双重王冠将上、下埃及的两个王冠组合在一起。欧西里斯神所佩戴的头饰与白色王冠很相似，而创造女神奈斯（Neith）头戴的王冠正是象征着下埃及的红色王冠。

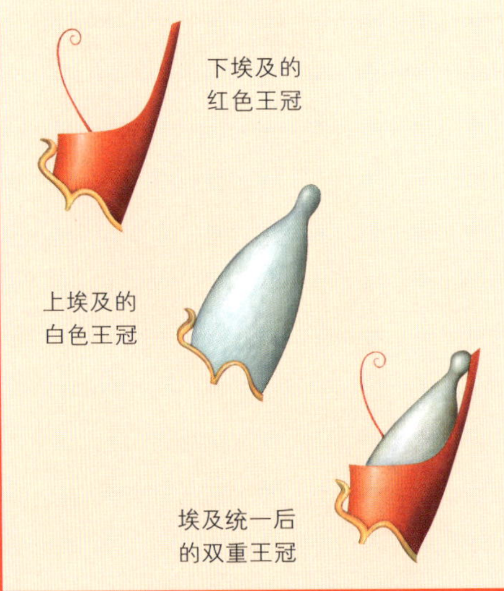

根据古埃及传说，上、下埃及的统一是由一位名叫美尼斯（Menes）的传奇统治者实现的，他还发现了两片土地中间的城市。然而在历史上，美尼斯传说一般与两位统治者联系在了一起——那尔迈（Narmer）和阿哈（Aha）。

由于那个时代没有留下任何详细记录，埃及史学家们对于那尔迈是否是第一王朝的先驱或缔造者这个问题继续展开争论。一些人认为那尔迈和阿哈是同一个人，另外一些人认为阿哈是那尔迈的儿子，是其继任者。然而，在1985年于阿布多斯（Abudos）发现的一个容器封泥上刻着第一王朝8位统治者的名字，那尔迈位列第一，阿哈紧随其后。

能够证明埃及是在那尔迈统治时期实现统一的最重要的考古证据是于1897年在希拉康波利斯发现的豪华礼仪石板。在古王朝时期（公元前

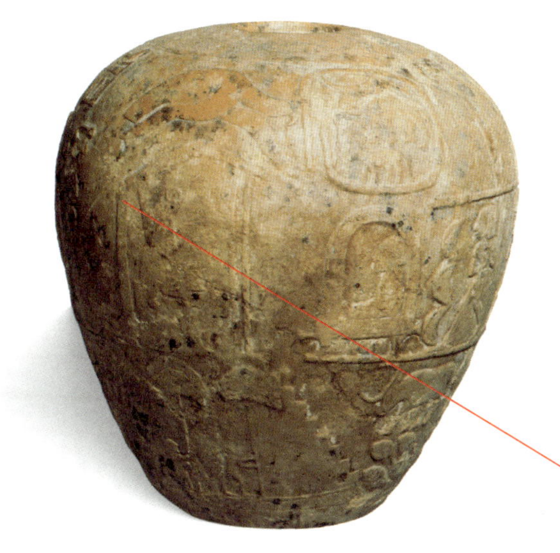

◀ **王室权杖头**

在19世纪末期，于前王朝时期上埃及都城希拉康波利斯（今天的孔姆艾尔阿哈迈尔（Kom el-Ahmar）地区）出土的文物中有很多当时的祭祀品和宗教仪式器具。

在出土文物中有一个仪式权杖头（左图）。权杖头上刻有塞德节（sed festival）的节日场面。图中那尔迈坐在一个绘有王室徽章的遮篷下。他身后是一群戴着手铐脚镣的犯人，而在他前面有一个犯人躺在担架上。

国王身着仪式短礼服，头戴红色王冠，坐在两个国家的王座上。

2686—公元前2181年）神庙地板下发现的这块泥岩石板和一个石灰石权杖头上的象形文字清楚地代表了一位名叫那尔迈的国王。不幸的是，这一挖掘没有得到详细的记录，但是石板的两面均刻有那尔迈的名字，一面刻有国王头戴上埃及王冠的形象，另一面刻有国王头戴下埃及王冠的形象。

在石板上描绘的场景中，那尔迈正在痛击敌人。这种胜利的法老形象被应用了大约3000年，并且在每一个埃及神庙中都被重复使用，神庙中均刻有当权统治者摆出胜利姿势的形象。这种情况一直持续到罗马时代。

孟菲斯的建立

似乎很可能是阿哈建立了新都城孟菲斯，因为在孟菲斯大墓地萨卡拉上记录的首位统治者的名字就是阿哈。然而我们很难确切地判断出国家的权力中心具体在何处。在第一和第二王朝时期，在萨卡拉和上埃及地区最重要的墓葬地阿布多斯都修建了巨大的墓葬群。可能通过保持两地的传统避免了冲突并且加强了统一。

尽管我们对那尔迈的性格一无所知，但我们知道他永恒的丰功伟绩是将文化极为不同的地区统一在了一起，建立了政权和国家意识。如果没有一个具有远见卓识的强大的集权统治者，这一切都是无法实现的。

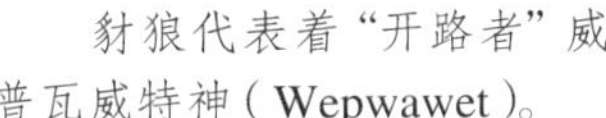

豺狼代表着“开路者”威普瓦威特神（Wepwawet）。

国王头戴下埃及的红色王冠。

垫子状旗帜，上面的螺旋状物和徽章代表了国王的权力。

一位祭司头顶厚重的卷发，身着豹皮缠腰带，走在法老的前面。

◀ **战胜北方**

这块石板是为了纪念战胜下埃及而制作的，上面表现了多个征服场景。猎鹰抓着敌人，在象形文字中代表“国家”。6个纸莎草簧片是三角洲地区的象征。赫鲁斯猎鹰是上埃及的神，同时也代表了战神。

与很多埃及省份联系在一起的鸟被视为神圣的动物。

敌人被绑着，头颅被割下放在两脚中间。

▲ **“鲶鱼”**

在那尔迈石板的两面，国王的名字以鱼（代表nar）和凿子（代表mer）的象形文字出现，翻译过来的意思是“鲶鱼”。

白色王冠是上埃及的象征。

典礼服饰包括一个短缠腰布，缠腰布后面有一根牛尾巴。

国王举着权杖，正准备打击敌人。

敌人可能是利比亚人，因为利比亚人经常被描绘成长有胡须。

► **胜利者和被征服者**

那尔迈石板的一面刻有国王头戴上埃及王冠的形象。国王手抓一个跪在他面前的敌人的头发，高举权杖，正准备打击敌人。表现敌人屈服主题的场景是埃及艺术长存的艺术形象，代表着埃及的不败。

早期王朝时期（公元前3100—公元前2686年）

提尼泰时期

提尼泰（The Thinite）时期，或称早期王朝时期，开始于埃及首位法老那尔迈统一埃及。这一时期持续了400年，包括古埃及最初的两个王朝。

提尼泰时期得名于上埃及阿比多斯附近的提尼斯。最初两个王朝的统治者均来自提尼斯。早期国王的统治几乎没有什么标志性的事件。历史学家不确定是否所有的国王都被记录下来了，就算对于那些已经证实存在的国王，他们即位的先后顺序也无法确定。

似乎这个地区是在前王朝时代末期争夺上、下埃及统治权的小国之一。提尼斯成为统一后的埃及首批统治者的权力中心，但是很快都城就转移到了孟菲斯。孟菲斯处于三角洲地区和尼罗河谷之间，地理位置颇具战略意义。正是在孟菲斯，围绕国王组织起来的政权和管理法老时代埃及的一系列法规都建立起来了。

◀ **一位提尼泰王朝国王的象牙小雕像**

在阿比多斯的欧西里斯神庙中发现的这座小雕像代表着一位头戴上埃及白色王冠、身份不明的国王的形象。

国王身着塞德节礼服，双臂交叉在胸前。他可能手拿着象征君主身份的弯钩（crook）与连枷（flail）。尽管保存情况糟糕，但我们还是能够在伦敦大英博物馆中欣赏到这座制作精良的雕像。

◀ **费德（Fed）石碑**

在阿比多斯发现的这块石碑现存放在巴黎卢浮宫。石碑上的碑铭显示了一些最早期的象形文字。这些语音符号代表了一位名为费德的已逝朝臣的名字。

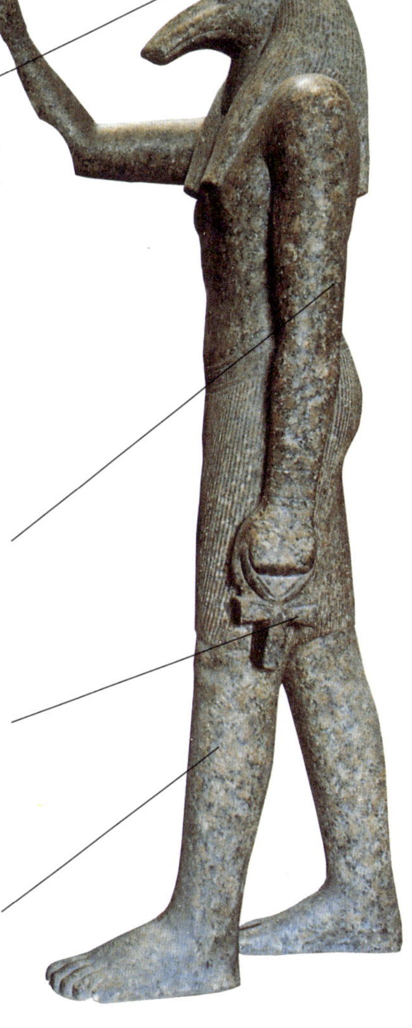

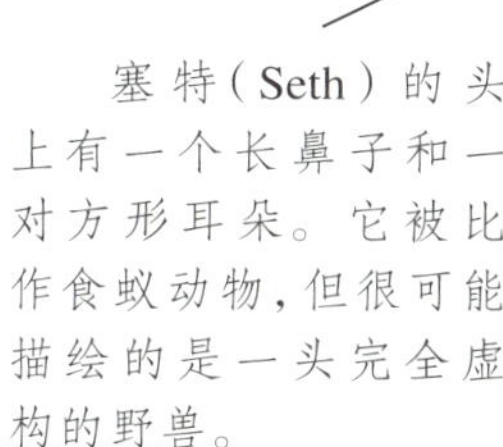

塞特（Seth）的头上有一个长鼻子和一对方形耳朵。它被比作食蚁动物，但很可能描绘的是一头完全虚构的野兽。

塞特是混乱之神，但在提尼泰时期仍受到崇敬。

T形十字章是古埃及生命的象征，经常是由神送给法老以赐予其永恒的生命。

塞特的身体被描绘成人或狗的身体。

► **塞特神**

塞特是埃及最为古老的神之一。他来自欧普斯，是上埃及的保护者。在提尼泰时期，国王是当时下埃及保护者塞特和赫鲁斯两位神的化身。

由于身陷欧西里斯圈（Osirian Cycle），塞特谋杀了欧西里斯和一位身份不明的神。塞特被崇敬为一位骁勇的战士，同时也因其杀手身份而受到藐视。

这座雕像的年代比较靠后，是一组刻画由塞特和赫鲁斯加冕的拉姆西斯三世法老雕像群的一部分。

提尼泰时期的主要创新之一就是纪念碑建筑。早期王朝的泥砖宫殿由于时间久远已经沦为断壁残垣。它们最初的形象可以从杰特（Djet）墓葬石碑之类的物件中看出。很可能这些早期宫殿周围建有坚固的保护墙，上面轮流设后移（set-back）和悬突体（overhang）。

象形文字在提尼泰时期也得到了发展。最初象形文字只是在一些物件上镌刻国王们的名字，而到了这一时期有证据显示宗教、医学、文字已经出现。

▼ 装饰圆盘

维齐尔赫玛卡（Hemaka）生活于约公元前3050年，他的古墓中包含一个镶嵌着象牙的木质箱子，箱子内部有一些打孔的圆盘串在一根木杆上。它们可能是抽陀螺（spinning top）。

▲ 提尼泰杯

这个源自第一王朝时期的杯子发现于下埃及地区的一处墓葬，现保存于慕尼黑埃及博物馆。

◀ 艺术中的动物

瞪羚状的花瓶出土于三角洲东部地区。花瓶显示出当时的艺术家已经具有非凡的创造力。

▲ 狗猎捕瞪羚

这个圆盘也是在位于萨卡拉的下埃及维齐尔赫玛卡的古墓中发现的。圆盘上描绘的是一个捕猎场面，两只瞪羚被两只猎狗追赶着。赭色的狗和瞪羚的身体是由雪花石膏制成的，由某种黏合物质固定在了黑色皂石上。

提尼泰时期(公元前3100—公元前2686年)年表

(第一王朝始于公元前3100年)

历史与社会

▲ 拥有两个名字的国王

在女王奈特霍特普(Neithotep)古墓出土的象牙标签的细部显示出了第一王朝阿哈国王的名字。奈特霍特普很可能是阿哈的妻子。猎鹰下刻的就是阿哈的名字。他的另一个名字是“Men”。这令人想到阿哈和孟菲斯半虚构的缔造者美尼斯很可能是同一个人。

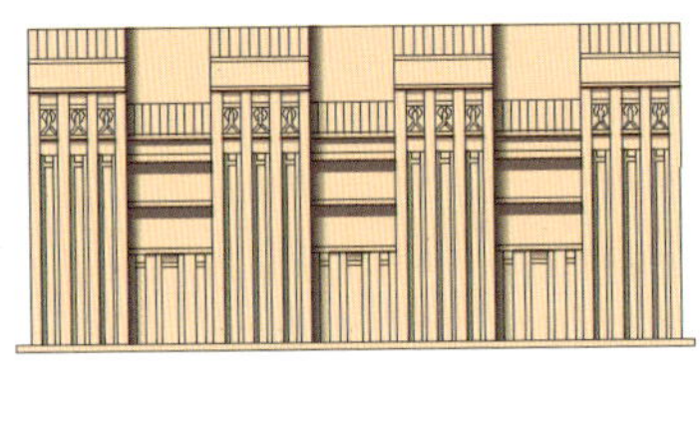

▲ 皇宫

法老哲尔(Djer)在他父亲建立起来的都城孟菲斯建造了他的皇宫。“皇宫正面”(图中所示的平面图)是矩形方框(serekh)的一部分,法老的名字就刻在矩形方框中。矩形方框是名字徽框(cartouche)的前身。

公元前3100年　公元前3000年　公元前2980年

第一王朝(公元前3100—公元前2890年)

国王们

◀ 阿哈(Aha)是埃及统一后的首任法老那尔迈的直接继任者,很可能也是他的儿子。“Aha”的名字意思是“战士”。在阿比多斯和萨卡拉发现了两座古墓,其中一座可能是衣冠冢。

◀ 哲尔(Djer)是阿哈的儿子,接替其父成为埃及的法老。他名字的意思是“赫鲁斯,他是救世主”。哲尔在阿比多斯的古墓是最先设置不同的墓室放置随葬品的古墓。

▶ 杰特(Djet),也被称做大毒蛇,葬于阿比多斯一座木头围起的墓室中。在他的古墓附近有一个石灰石墓葬石板,现存于巴黎卢浮宫。石板上刻有大毒蛇的象形文字,其发音近似于杰特。

▶ 登(Den)是杰特的儿子和继承人。他是第一王朝时期埃及最重要的法老之一。他名字的意思是“赫鲁斯,他用力击打”。登是第一个被冠以“上、下埃及国王”的君主,也是首位将“莎草和蜜蜂之人”加入皇族名字的君主。他在阿比多斯的古墓是将石头用于建造墓葬纪念碑的最早范例。

◀ **法老杰特的墓葬石板**

这块华丽的石板制于5 000年前，长143厘米（56英寸），宽65厘米（25英寸半）。石板现保存于巴黎卢浮宫内。石板的上部刻画着代表赫鲁斯的猎鹰形象。皇家矩形方框中包含着含意为一条蛇的象形文字（哲尔是“赫鲁斯的眼镜蛇”之意）。石板的下部刻画着典型的“皇宫正面”图。

▲ **与东部的首次冲突**

在阿比多斯出土的象牙滴水石（现保存于大英博物馆）上描绘了法老登（Den）用权杖击打一位亚洲权贵的场景。石上的铭文写着“第一次击打东方人”并且显示出是与巴勒斯坦的冲突。

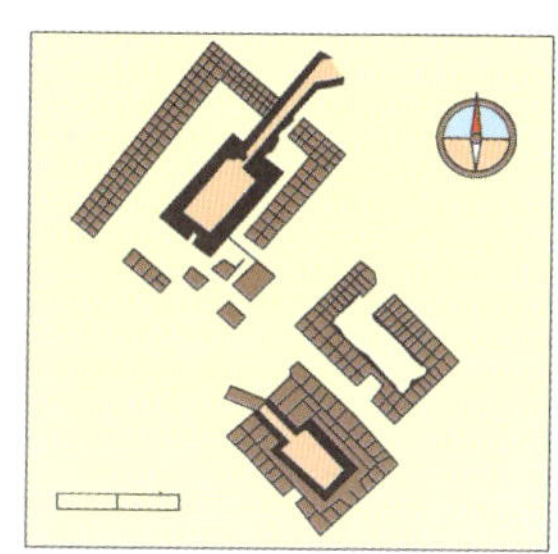

◀ **人类祭品**

这个位于阿比多斯一处墓地的平面图显示出第一王朝时期3位法老的古墓：登、瑟莫赫特（Semerkhet）和卡（Qa'a）。这几座古墓非常大，四周环绕着许多小古墓。以法老登的古墓为例：这座古墓面积约56米×25米（约为184英尺×82英尺），四周大约有174个陪葬仆人的古墓。这种做法很快被取消了，然而最终沙巴提小人取代仆人履行了这一使命。

公元前 2950 年　　公元前 2925 年　　公元前 2900 年　　公元前 2890 年

▶ **阿涅德吉布（Anedjib）**名字的意思是“救赎是他的心”。他是首位将“两位女士”这个头衔冠在其名前的统治者，这是强调他是上、下埃及两地的统治者。他在阿比多斯的古墓中有一块泥砖，石砖上的梯形结构被认为是梯形金字塔的先驱。

▶ **瑟莫赫特（Semerkhet）**篡夺了阿涅德吉布的王位。他自己的王位后来也被卡夺去。他名字的意思是“体贴的朋友”。

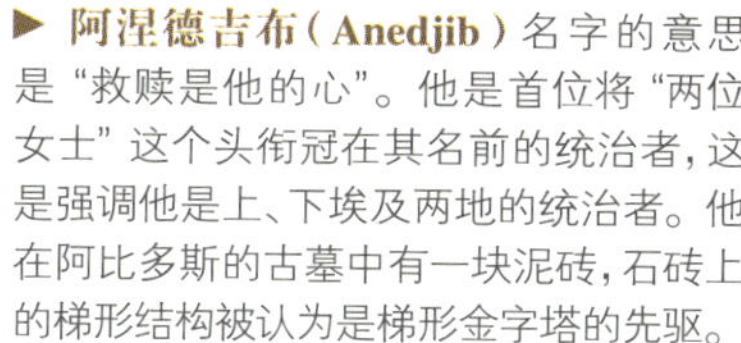

◀ **卡（Qa'a）**在推翻瑟莫赫特后接掌了政权。他名字的意思是“他高举双臂”。

提尼泰时期的埃及

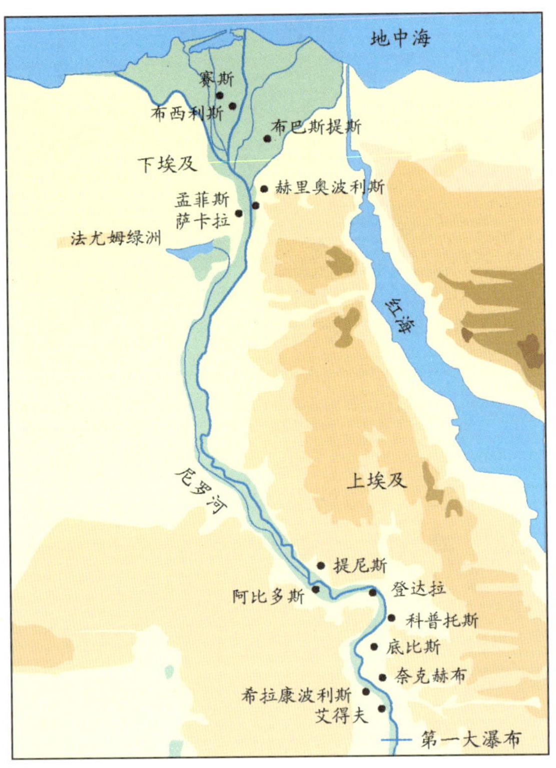

公元前 2890 年	公元前 2865 年

第二王朝（公元前 2890—公元前 2686 年）

◀ **海特普塞汉威（Hetepsekhemwy）**是第二王朝的缔造者，他实现了上、下埃及间的和平。他名字的意思是“悦权（pleasing in powers）”。他在孟菲斯附近的萨卡拉修建了自己的陵墓。孟菲斯当时是埃及的唯一都城。

▶ **拉内布（Raneb）**是第二王朝的第二位法老。他名字的意思是“拉是上帝（Ra is the lord）”。这是那时一个宗教诞生最为古老的证据。这个宗教是由下埃及地区赫里奥波利斯的祭司们所建立的。

◀ **刻有两位女士的石板**

这块高贵的双石板（48厘米×10厘米/19英寸×4英寸）可追溯到提尼泰末期。它是葬礼宴会最为古老的代表之一。这块石板发现于萨卡拉的大墓地，现存放于巴黎卢浮宫。

▲ **改名字**

提尼泰时期倒数第二个法老以塞含伊卜（Sekhemib，意为“有力的心”）这个名字开始了他的统治。他的矩形方框上面站着赫鲁斯猎鹰。在他统治后期，塞特的地位得到了提高，他的矩形方框上装饰了一只塞特动物。他还将他的名字改为佩里布森（Peribsen，意为“万心的希望”）。

▲ **提尼泰最后一位法老的古墓**

海特普塞汉威（Khasekhemwy）死于约公元前2686年。在他之后第二王朝和提尼泰时期便结束了。他被安葬在一座长70米（230英尺）、最宽处为17米（56英尺）的梯形古墓中。这座古墓有一个石室，43个用于放置祭品的储藏室。它代表着阿比多斯墓葬中最后一个皇室古墓。

公元前 2700 年　　**公元前 2686 年**

◀ **尼内特吉尔（Nynetjer）**是第二王朝的第三位法老。在上埃及地区内部紧张情况加剧时，他拆除了三角洲地区几个城市的要塞。他名字的意思是“神圣（divine）”。

对于温内格（Weneg）和塞涅德（Sened），我们知道的只有他们的名字。他们的权力很可能只局限于孟菲斯地区。由另一位不知名的法老控制着上埃及地区。

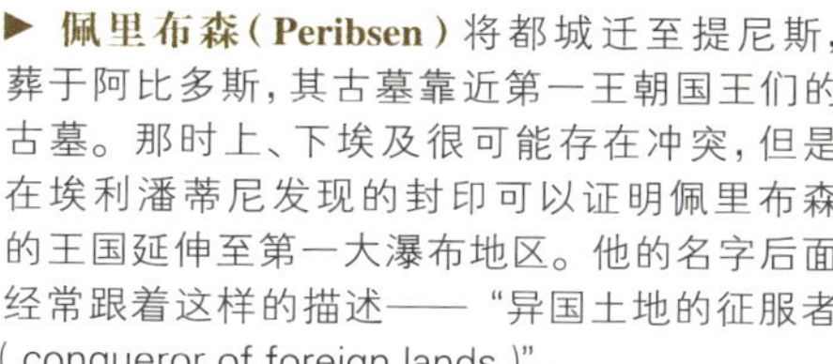

▶ **佩里布森（Peribsen）**将都城迁至提尼斯，葬于阿比多斯，其古墓靠近第一王朝国王们的古墓。那时上、下埃及很可能存在冲突，但是在埃利潘蒂尼发现的封印可以证明佩里布森的王国延伸至第一大瀑布地区。他的名字后面经常跟着这样的描述——“异国土地的征服者（conqueror of foreign lands）”。

▶ **哈塞汉姆威（Khasekhemwy）**是一位武士国王，参与了针对国家北部的血战。有超过4.7万个敌军士兵在这场战役中死亡。这场战役促成了两个王国的统一。他的矩形方框将赫鲁斯和塞特放在了一起，这也许正暗示此时埃及回归到了宗教和政治的和谐局面。

古王朝

在古埃及的历史中，古王朝（公元前2686—公元前2181年）是一个繁荣的黄金时代，它见证了首批墓葬纪念碑的建造。这些墓葬纪念碑现在被认为是埃及文明的瑰宝之一。

▲ 一座女性小雕像

这尊出土于阿布罗什的女性象牙小雕像展示出了古王朝初期雕刻艺术的进步。

哈塞汉姆威（大约公元前2686年）是第二王朝的最后一位统治者。他在混乱时期过后统一了埃及，并且为古王朝的建立奠定了基础。古王朝始于他的儿子萨那赫特（Sanakht）（公元前2687—公元前2667年）和乔赛尔（Djoser）（公元前2667—公元前2648年）。

金字塔时期的起始

在第三王朝时期的3位法老中，乔塞尔（公元前2667—公元前2648年）最为著名。他在孟菲斯建起的大墓地是皇族的墓葬场所。他还在萨卡拉建起了阶梯金字塔，这是历史上规模最大的石头工程。埃及经济的高速发展、农业收成的增加和规划良好的国家管理是金字塔得以建造的原因。

第四王朝始于斯尼夫鲁（Sneferu）（公元前2613—公元前2599年）。法老的权力在这一时期达到了顶峰。这能够通过法老陵墓纪念碑的尺寸和宏大反映出来。斯尼夫鲁在梅杜姆（Meidum）和达舒尔（Dashur）建造了3座金字塔。他的儿子和继任者胡夫（Khufu）（公元前2589—公元前2566年）在吉萨修建了大金字塔（the Great Pyramid）。胡夫的一个儿子迪耶迪夫拉（Djedefra）（公元前2566—公元前2558

年）在被哈夫拉（Khafra）（公元前2558—公元前2532年）谋杀前杀害他的兄弟并夺取了政权。迪耶迪夫拉在阿布罗什（Abu Roash）建造了自己的金字塔，但是哈夫拉继续在吉萨修建第二金字塔和狮身人面像斯芬克司。对于他的继任者门卡拉（Menkaura）（公元前2532—公元前2503年），我们知之甚少。我们只知道他在吉萨建造了第三金字塔。第四王朝的最后一位国王谢普塞斯卡弗（Shepseskaf）（公元前2503—公元前2498年）选择安葬在位于萨卡拉和达舒尔间的一座石室古墓中。

在第五王朝时期，较小的金字塔建造起来了，同时由于拉斯太阳神教（cult of the sun god）日益流行，在埃及也建造了很多太阳神庙。第五王朝最后一位统治者尤那斯（Unas）（公元前2375—公元前2345年）的金字塔是最早出现"金字塔文本"（Pyramid Texts）的金字塔。

第六王朝的创始者是特提（Teti）（公元前2345—公元前2323年）。这一时期的金字塔和墓葬位于萨卡拉地区。第六王朝最为著名的统治者是佩皮一世（Pepy I）（公元前2321—公元前2287年）。他建造了几座神庙并娶了阿比多斯一位高官的两个女儿。他的儿子们继承了他的王位。首先是由迈瑞拉（Merenra）（公元前2287—公元前2278年）继承了王位，但只统治了几年，然后佩皮二世（公元前2278—公元前2184年）接掌政权，从古王朝的衰落至这一时期的最终结束，统治超过了90年。

赛帕，第三王朝的一位官员。他头戴一顶头盔状的卷曲假发，颇具古王朝时期的特点。

► 赛帕（Sepa）和内塞特（Neset）雕像

这些石灰石雕像可以追溯到第三王朝时期（公元前2686—公元前2613年），现存于巴黎卢浮宫内。这些雕像是最为古老的私人雕像。尽管雕像的面部雕刻精细，人物的静止姿势是古王朝初期雕刻品的典型风格。

◀ **皇宫正面装饰**

古王朝时期的许多纪念碑，特别是石棺和墓葬都展示出了一种凹入嵌板的设计。这代表了皇室住所典型的正面形象。皇宫正面是一个经常与赫鲁斯联系起来的象形文字。国王通常被认为是赫鲁斯神的尘世化身。

内塞特是赛帕的妻子，她戴了一个沉重的黑色假发，发尾超过了她的肩部。

内塞特和赛帕的下眼睑都用了又宽又黑的线进行强调。在日常生活中，埃及人经常用眼影粉或绿色的孔雀石粉在眼睛下部画线。

内塞特穿的是V形领长亚麻袍。

◀ **抄写员**

如图中所示的抄写员形象的雕塑现存于埃及开罗博物馆内。这种形象的雕塑是古王朝时期的典型雕塑。国家学术机构的官员们由于善于书写而专门负责国家财产。他们经常通过这种正式的方式刻画自己的形象。

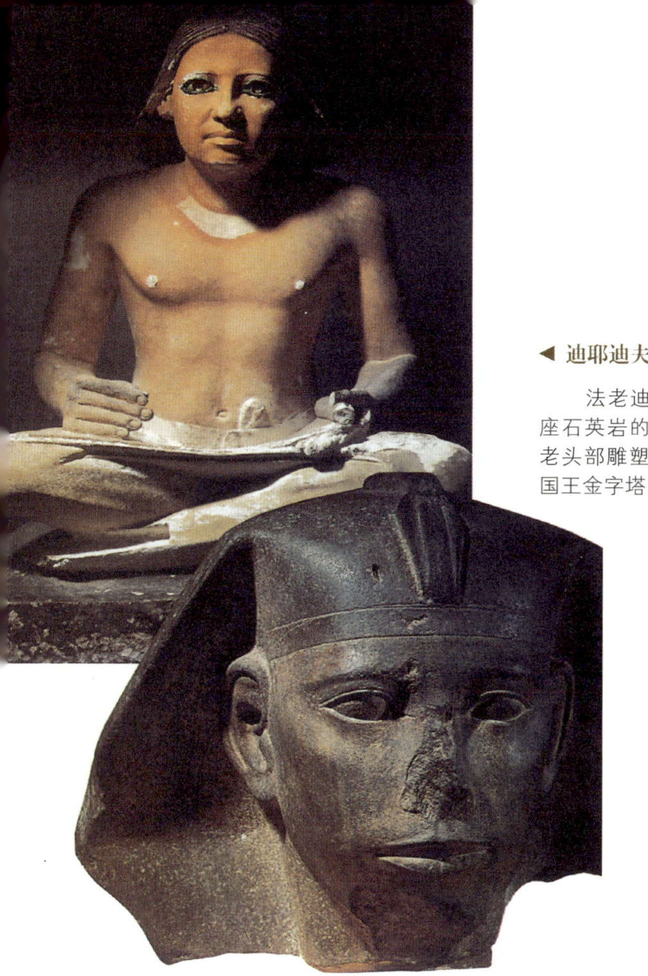

◀ **迪耶迪夫拉的斯芬克司像**

法老迪耶迪夫拉的头部源自一座石英岩的斯芬克司雕像。这个法老头部雕塑发现于阿布罗什地区的国王金字塔的一处船坑中。

► **伊姆霍特普（Imhotep）雕像**

伊姆霍特普是维奇尔（Vizier），也是乔塞尔（公元前2667—公元前2648年）的一位建筑监理。他在萨卡拉建造了阶梯金字塔。子孙后代都对他顶礼膜拜，将他视作碑石建筑的始祖。他同时也是一位作家和技术娴熟的医生。

他的名誉持续了好几个世纪，到了这一时期的末期（公元前747—公元前332年），他被人们视作神，这对于一个并非出身皇室的人来说是非同寻常的。从这时开始就出现了很多对他进行刻画的小铜像，经常将他刻画成一位膝上摊着纸莎草纸的抄写员。

古王朝（公元前 2686—公元前 2181 年）大事表

古王朝起始于公元前 2686 年

历史与社会

◀ 乔赛尔墓葬群

古王朝的第二位法老乔赛尔在萨卡拉建造了第一座阶梯金字塔。这是位于首都孟菲斯最大的墓地。有证据显示，金字塔周围的纪念碑墓葬群是用石头打造的首都形象。这里有国王的宫殿。第一座纪念碑完全是由琢石建造的，其设计者是建筑师伊姆霍特普。

◀ 赫特弗瑞丝（Hetepheres）的墓葬的装饰品

赫特弗瑞丝是第四王朝的缔造者斯尼夫鲁的妻子，是法老胡夫的母亲。胡夫在她的第一座墓葬被部分盗窃后将她重新安葬在位于吉萨的胡夫金字塔中。这些在吉萨发现保存完好的墓葬装饰品，如这些手镯，证明了在古王朝时期墓葬之壮观。

公元前 2686 年　　公元前 2667 年　　公元前 2613 年

第三王朝（公元前 2686—公元前 2613 年）

重要的国王

◀ 萨那赫特（Sanakht）

（公元前2686—公元前2667 年）是最后一位提尼泰国王海特普塞汉威（大约公元前2686 年）的儿子。他那未完成的墓葬纪念碑很可能在萨卡拉乔赛尔的阶梯金字塔的西边。他的赫鲁斯式王衔的意思是“胜利的保护（victorious protection）”。

▶ 乔赛尔（Djoser）

（公元前2667—公元前2848 年）很可能是萨那赫特的兄弟，也是第三王朝最为重要的国王。他的建筑监理伊姆霍特普在一处宏伟的墓葬地为他建造了著名的阶梯金字塔。他的赫鲁斯式王衔奈杰里赫特（Netjerikhet）的意思是“具有神圣的身躯（with a godly body）”。

公元前2613年

第三王朝的结束第四王朝的开始

▶ 尼乌赛尔（Nyuserra）金字塔

这座金字塔建于萨卡拉北部的阿布希尔（Abusir）地区。金字塔的外部只是用普通的石块建造的。纪念碑内部是由质量较差的田石和碎石填满的。随着琢石被偷走，金字塔也很快倒塌了。然而，这种偷工减料的建造方法从法老萨胡拉（公元前2487—公元前2475年）统治时期就开始了。

◀ 吉萨金字塔

在位于现代开罗边上的吉萨高原上，第四王朝的国王们——胡夫、哈夫拉和门卡拉——建造了他们的金字塔。从建筑角度看，这些金字塔是埃及最宏伟的金字塔。它们完全是由琢石堆砌而成，直到今天还几乎完好无损。

公元前2494年　公元前2445年

第四王朝（公元前2613—公元前2494年）

公元前2494年
第四王朝的结束第五王朝的开始

▶ 斯尼夫鲁（Sneferu）（公元前2613—公元前2589年）缔造了第四王朝。自那时起，他的出生名字被一个名字徽框裱起。在找寻完美的墓葬形象过程中，斯尼夫鲁在梅杜姆和达舒尔建造了不下3座金字塔。他的名字的意思是“完美之物（the one made perfectly）”。

▶ 胡夫（Khufu）（公元前2589—公元前2566年）是斯尼夫鲁的继承者，同时也是吉萨大金字塔的建造者。他名字的意思是“赫努姆神保护我（Khnum protects me）”。在他25年的统治中，他的权力不容挑战。在希腊文中，他被称做“可憎的暴君”，但胡夫是埃及最强大的法老之一。

▶ 哈夫拉（Khafra）（公元前2558—公元前2532年）是胡夫长子迪耶迪夫拉（公元前2566—公元前2558年）的兄弟和继任者。他在吉萨建造了第二座稍小的金字塔。他的赫鲁斯式王衔拉克哈伊夫（Rakhaef）的意思是“拉出现了（Ra appears）”。

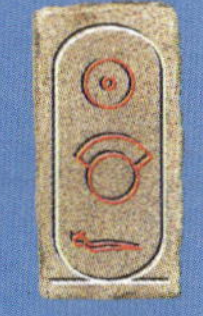

◀ 门卡拉（Menkaura）（公元前2532—公元前2503年）是哈夫拉的儿子及其继任者。他的名字意味着“永远保有拉的灵魂力量（forever remain the ka powers of Ra）”。

▶ 谢普塞斯卡弗（Shepseskaf）（公元前2503—公元前2498年）是第四王朝的最后一位国王。出人意料的是他摒弃了将金字塔作为墓葬地点的想法，离开了吉萨高原，在萨卡拉南部建造了一座石室古墓。他名字的意思是“他的灵魂是崇高的（his ka is sublime）”。

◀ **古王朝时期的埃及**

古王朝法老们最重要的目标之一就是孕育整个国家及发展城市规划。基于这个原因，大部分埃及人口都分布在尼罗河沿岸。

▲ **一尊女性木质雕塑**

古王朝时期私人艺术的特点是更鲜明的自然主义而非同一时期盛行的皇家雕塑。雕塑的很多风格都是在物质富足中创造出来的，特别是以不同种类的石头制造的。正如这尊第五王朝时期的小型女性雕塑所示，木头也经常用来制作雕像。

公元前 2345 年

第五王朝（公元前 2494—公元前 2345 年）

◀ **乌瑟卡夫（Userkaf）**（公元前2494—公元前2487 年）是第五王朝的缔造者。他将墓葬宗教从太阳神拉神教中分离出来。在他统治时期内，他的头衔扩展到5个，加入了一个“王位名字”。乌瑟卡夫名字的意思是“他的灵魂是事实存在的（effective is his ka）”。

◀ **萨胡拉（Sahura）**（公元前2487—公元前2475 年）是乌瑟卡夫的兄弟及其继任者。他的名字意味着“拉来到我身边（Ra comes to me）”。他位于阿布希尔的金字塔的核心由碎石而不是石块组成。首次到庞特的探险就发生在他的统治时期内。

◀ **尼乌赛尔（Nyuserra）**（公元前2445—公元前2421 年）也在阿布希尔建造了自己的金字塔。在他统治时期内，第一个太阳神殿建造在沙漠西角的阿布格拉布（Abu Gurab）地区，这是第五王朝时期保存最为完好的太阳神庙。他名字的意思是“权力属于拉（the power belongs to Ra）”。

◀ **尤纳斯（Unas）**（公元前2475—公元前2345 年）是第五王朝的最后一位统治者。他在萨卡拉建造了一座小型金字塔，并首次在金字塔的内墙上刻入“金字塔文本”。

▶ **特提金字塔**

为第六王朝缔造者修建的墓葬纪念碑位于萨卡拉南部地区。从建造技术和规模上来讲，这座金字塔与第五王朝时期的金字塔非常类似。但是，在第四王朝的传统中，整个建筑群的主金字塔周围还包含两位女王的墓葬金字塔。主金字塔中刻有的段落在“金字塔文本”中有记载。

◀ **卡尔(Qar)的石室古墓**

卡尔及其家庭成员的雕像刻在其位于吉萨的地下葬室的岩石壁上。除了其他职务外，卡尔还是佩皮一世墓葬宗教(mortuary cult)祭司，并负责胡夫和门卡拉金字塔。

公元前2321年 **公元前2181年**

第六王朝(公元前2345—公元前2181年)

公元前2181年

第六王朝的结束和古王朝时期

◀ **特提(Teti)**(公元前2345—公元前2323年)是第六王朝的缔造者，尽管他并非出身皇族。在他统治期间出现了多个很有影响力的维齐尔，其中包括梅汝卡(Mereruka)和卡扎莫尼(Kagemni)。特提在萨卡拉北部建造了他的金字塔群。

◀ **佩皮一世**(公元前2321—公元前2287年)是特提(Teti)的儿子。他发展了一套积极的对外政策，进行了几次直达亚洲的军事远征，并将利比亚绿洲地区纳为埃及的殖民地。他位于萨卡拉南部的金字塔群被称做梅利尔-蒙纳菲尔(Merire-mennefer)，也许孟菲斯地名就来源于此。

◀ **佩皮二世**(公元前2278—公元前2184年)是迈瑞拉(公元前2287—公元前2278年)的弟弟及继任者。他的统治持续了约60年，这在埃及历史上是统治时间最长的政权之一。在他统治时期，埃及的古王朝完成了最终的没落。他位于萨卡拉南部的小金字塔是这一时期最后一座金字塔。

古王朝时期（大约公元前2686—公元前2181年）

胡夫，大金字塔的建造者

胡夫还有一个不为人所知的希腊名字——齐奥普斯（Cheops）。尽管他建造了吉萨地区的首座，同时也是3座金字塔中最大的一座金字塔，人们对他仍是知之甚少。现存有关他的唯一形象是出土于阿比多斯一座神庙中的象牙小雕像。

胡夫（公元前2589—公元前2566年）是第四王朝时期的第二位法老。他是国王斯尼夫鲁（公元前2613—公元前2589年）和妻子赫特弗瑞丝（大约公元前2600年）的儿子。赫特弗瑞丝的父亲是第三王朝的最后一位国王。文献对于胡夫的记载有很大矛盾。希腊历史学家认为胡夫是一位暴君，但是在埃及，他通常被认为是一位贤明的君主。

胡夫的性格及其治理国家的方式在当今的文献记载中很难查到，但有证据表明他强化了祖先创建的帝国，并且强化了祖先精心打造的政权。

Kh

U

F

U

▲ **胡夫封印**

法老封印上的名字徽框中包含了代表胡夫名字的象形文字（上右图示）。胡夫的名字Khufu是Khnum-khuefui的缩写，意思是“赫努姆保护我”。

赫努姆是掌管尼罗河洪水的，有着山羊头、人身体的神灵，也是创造宇宙的诸神之一。

一个组织严密的统治机构确保国王的命令被遵守，并且确保国家资源获得有效利用。政府的关键职位，同时也是位列最高的神职都是由皇室成员担当。胡夫的两个儿子迪耶迪夫拉（公元前2566—公元前2558 年）和哈夫拉（公元前2558—公元前2532年）在胡夫之后接掌了政权。

繁荣和后裔

在这一时期，埃及邻邦对埃及的繁荣作出了巨大的贡献。建筑急需的木头是从黎巴嫩进口的；西奈（Sinai）向埃及提供了铜和珍贵的绿宝石；努比亚（Nubia）向埃及提供了金子。埃及对努比亚和利比亚（Libya）的突袭截获了大量的牲畜和战俘。

▼ 石块

位于吉萨的大金字塔是由超过两百万块石块砌成的。每块石块至少重2.5公吨。在修建大金字塔的23年中，也是胡夫统治的23年中，每5分钟就有一块石块被移动，这一浩大的工程才得以完成。

胡夫为了让他的统治名垂千古而修建了大金字塔。大金字塔在设计上就是要超过历史上所有曾修建过的墓葬。皇室成员、政府官员们被安葬在大金字塔周围。胡夫的母亲、主要的妃嫔们和其他家庭成员被安葬在3座较小的金字塔和石室古墓中。

知识窗

胡夫驶向来世的船

1954年，一艘被认为是载着胡夫驶向来世的船在大金字塔的南端被发现。这艘船被发现存放于一处从岩石中凿出的洞穴中，上面被一块石板覆盖着。船体被分成1 224个独立的部件，这些部件在出土后经过几年的时间被重新组装起来（下图所示）。在船体部件被发现的地点建造了一个博物馆。船体由雪松木、刺柏属丛木、松树建造而成；长43米（141英尺），宽5.9米（19英尺4英寸）。

胡夫
——第四王朝的第二位法老

法老头戴象征下埃及的红色王冠。

胡夫右手持象征其皇权的连枷（flail）。

帝王雕像中帝王的左手通常放在膝盖上，正如图中所示。

胡夫的王位名字出现在王座右侧的象形文字中。

在这个名字徽框中的象形文字已经部分损坏了。

这座象牙雕像只有7.5厘米（3英寸）高。

▶ **胡夫像**

大金字塔建造者唯一存留的形象发现于阿比多斯的亨提门修（Khentimentiu）神庙中，现存放在开罗的埃及博物馆内。这座象牙小雕像只有7.5厘米（3英寸）高，刻画了头戴下埃及红色王冠的国王登基的形象。国王右手握着连枷，左手放在膝盖上。在他腿边的王座上刻有他的名字。

▶ **最后的安息地**

胡夫金字塔的墓室是由红色的花岗岩建造而成。石棺是由同样的材料制成，在建造过程中被安放在西墙上。国王下葬后，墓室的大门被三块厚石板封上了，作为墓室的活盖。

古王朝时期（公元前2686—公元前2181年）

佩皮一世时期

第六王朝时期的埃及政权长期稳定，经济继续增长，殖民势力不断扩张，但是这一繁荣时期却是古王朝最后的大兴盛。

佩皮一世（公元前2321—公元前2287年）是第六王朝缔造者特提和妻子伊苏特（Iput）的儿子。伊苏特的父亲是第五王朝最后一位统治者。特提于公元前2323年去世，而后埃及被一位名叫尤塞卡拉（Userkara）的身份不明人士统治。这个人可能是摄政王，或者更可能是篡位者。他统治埃及一年多后佩皮一世接掌了政权。

佩皮一世是一位积极的统治者。他向努比亚和中东派遣军事远征军和贸易探险队，并且推动建造了许多座纪念碑，包括位于阿比多斯、布巴斯提斯、登

"佩皮，拉之子"。

"佩皮（金字塔）是完美而永恒的"。

◀ **直达孟菲斯**

佩皮一世的金字塔被称做蒙纳菲尔（Mennefer），意味着"确定而美丽（established and beautiful）"。这个名字最初被用于命名金字塔所在的城邦，而后被用于命名附近的首都Ineb-hedj（"白墙"）。希腊人后来将这个名字希腊化，称为孟菲斯（Memphis）。

达拉和埃利潘蒂尼的神庙。然而，这些建筑都没能保存下来。埃及的经济在这一时期开始兴盛。埃及的繁荣得益于埃及同北部的毕勃劳斯（今黎巴嫩）和南部的庞特的贸易，还有在西奈发现的绿松石和铜、从努比亚带回的金子以及从哈林（Hatnub）和瓦迪哈马马特（Wadi Hammamat）采石场采集的方解石和杂砂岩。

► **铜制的法老像**

这座与真人等比例制作的佩皮一世铜像被埋在希拉康波利斯神庙侧面的一个小礼堂的地板下。这是在埃及发现的最古老的铜像。佩皮主持了西奈铜矿的开启。

▼ **省级权势**

埃及各省的地方官和省长们在第五王朝末期扩张了自己的势力，他们的官位此时转变为世袭官位。他们开始主张他们的权利，例如，坚持要求死后被埋葬在自己的领地而非首府。

◀ 外籍劳工

在古王朝时期，农业生产得到发展，有时会出现劳动力短缺的现象。法老们会派遣突袭队去往努比亚——埃及人称此地为亚姆（Yam）——抓战俘回到埃及。他们中的绝大多数人被迫在三角洲地带定居耕作。努比亚人也作为外国雇佣兵参加法老的军队。

尽管佩皮一世取得了巨大成功，但仍有证据显示，佩皮统治时期也存在着内部政治倾轧的问题。一位名叫威尼（Weni）的三朝朝臣的墓葬传记揭露了一个后宫阴谋和一个想要夺取佩皮性命的企图。威尼曾辅佐过特提、佩皮及其儿子迈瑞拉。

► 儿子和继承人

在希拉康波利斯发现的佩皮一世铜像内部还有一个小铜像。在这两个铜像被埋葬前，它们是并排站在同一个底座上的。尽管第二个铜像上没有铭文，埃及古生物学者通常认为这是佩皮一世的儿子和继承人迈瑞拉（公元前2287—公元前2278 年）的铜像，一个原因是小铜像的面部虽然与大铜像有家族相似之处，但却有很大不同。另一个原因是迈瑞拉的名字出现在了一块保存下来的底座碎片上。

► 沙漠前哨

在第五王朝末期，埃及人在埃及西部沙漠中的达科拉（Dakhla）绿洲地区建立了一个殖民地。这是两条重要通路的交汇处，一条通往东部的尼罗河山谷，一条通往南部的努比亚。这个殖民地由法老钦点的长官管理，并在佩皮一世统治时期繁荣起来。

省长权力的增强

在佩皮一世统治的后期，他娶了两姐妹为妻。姐妹俩的名字都叫安克赫尼斯梅利拉（Ankhenesmerira），父亲是一位省长，名叫辉（Khui）。他管理着以阿比多斯为中心的一个省。随着省长的官位开始变为世袭制，一些省长开始聚敛权势和影响力，但极少有人比得上辉。两姐妹中的姐姐就是佩皮一世的继任者迈瑞拉的母亲。迈瑞拉很年轻就死去了，他的继任者是两姐妹中妹妹所生的还在襁褓中的婴孩，就是佩皮二世。辉的儿子杰奥（Djau）是两位国王统治时期的维齐尔。在佩皮二世的漫长统治时期，古王朝开始逐渐衰落，就是因为国家的权力逐渐转移到省长们的手中。

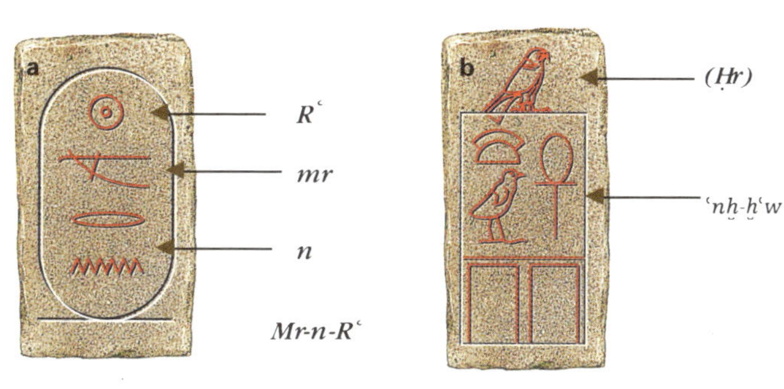

“拉的挚爱”。

“赫鲁斯，显露的生命”。

◀ 鲜为人知的国王

迈瑞拉（“拉的挚爱”）的统治时期非常短暂。他在萨卡拉位于其父亲金字塔旁的金字塔没有完成，这说明他很年轻就死去了。他延续了其父在叙利亚－巴勒斯坦的外交政策，并且加强了埃及对努比亚的控制，但几乎没有留下任何纪念碑。下图所示的由雪花石膏制成的花瓶上有一个名字徽框，其中刻有他的皇室名字和他的一个头衔。

第一过渡时期

随着古埃及政权的传统结构在古王朝（公元前2686—公元前2181年）末期瓦解，埃及经历了一个政治经济不稳定的时期，没有一个中心人物领导这个国家。

在第六王朝（公元前2345—公元前2181年）末期，埃及经受了社会和政治的衰落，起义弱化并分割了位于孟菲斯的中央政府。在一百多年的时间中，埃及因为持续的社会动荡、政治混乱和贝都因人的入侵而分崩离析。除了知道这一时期的省级权力得到加强外，我们对于这一时期知之甚少。从第五王朝时期（公元前2494—公元前2345年）就开始实行世袭制的省长们在他们领地上的权力至高无上。

麻烦始于佩皮二世（公元前2278—公元前2184年）。他的高龄和漫长统治使他失去了对国家的控制。很多神庙都免于税赋而且各省的长官们也不再需要进贡。整个国家崩溃了。

居住在孟菲斯的法老们此时只是在名义上统治着埃及。他们的实际影响力由于三角洲地区的独立而被局限到一个非常小的区域。所有这些都导致了统治者的快速更迭。在第七和第八世纪的50年中出现了超过25位国王。

▶ **官员们**

到了第五王朝中期，所有高层官员都由国王亲自指定并直接受其控制。奖赏是丰厚的。普塔什普西斯（Ptahshepses）（大约公元前2445—公元前2421年）被赐予了这座位于阿布希尔的豪华的石室古墓。

▶ 君主的衰落

古王朝在第四王朝修建了大金字塔的法老们——胡夫、哈夫拉和门卡拉的统治下达到鼎盛时期。到了第六王朝时期，埃及政权随着法老们的没落而出现了最终的衰落。

▶ 省长们

从第五王朝开始，省长们获得了越来越大的权力，并且通过要求安葬在自己的领地而非在皇家大墓地靠近法老安葬而宣告独立。

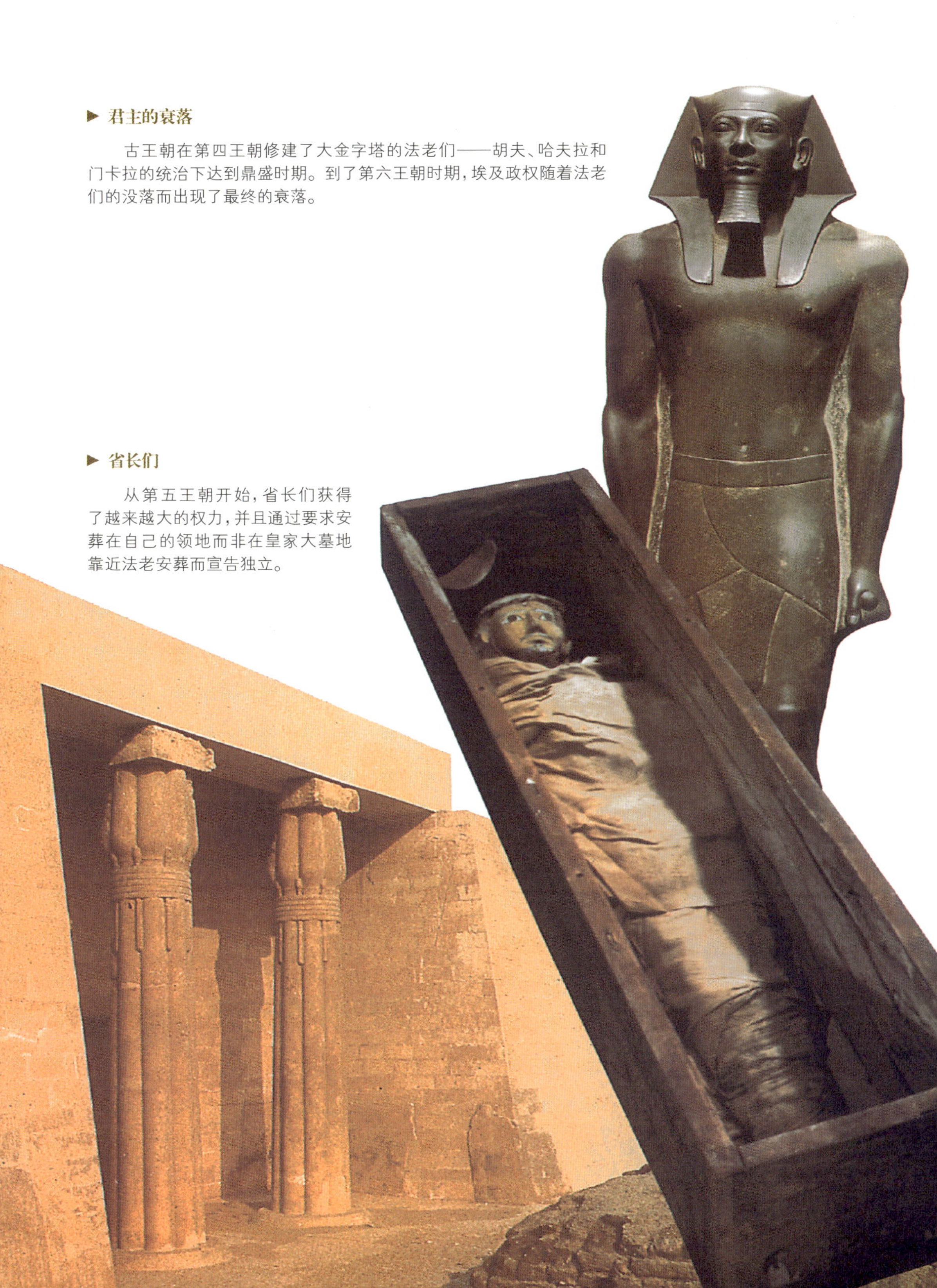

石板上刻画的3位妇女是因特夫的妻子们。

第一过渡时期的人工品和纪念碑的拙劣的艺术品质反映在人物的比例上。

石板上的象形文字列出了石板上人物的名字和头衔。

▲ 因特夫猎人石板

因特夫人负责为西班的因特夫二世和三世（公元前2063—公元前2055 年）储存供给物资。他的这一职责在统一埃及的曼图霍特普二世时期结束了。

希拉康波利斯的省长们在北部接管政权，在公元前2160年缔造了第九和第十王朝，宣称对整个埃及行使主权。

但在底比斯发展了第二个权力基地，当地的贵族在公元前2125年创建了第十一王朝。两个权力基地都为自己冠以埃及最高统治者的头衔。从此，一场争夺最高统治权的战争持续了几十年。

国家重新统一

当希拉康波利斯人试图将移民从近东地区赶走，西班人（Theban）在因特夫（Intef）一世和二世统治时期开始从三角洲地区扩张疆土。他们国家的北部边界是提尼斯，艾斯尤特的省长们反对进一步的扩张，因为他们那时仍支持希拉康波利斯。最终曼图霍特普二世（Mentuhotep II）（公元前2055—公元前2004年）开始征服下埃及地区，重新统一了这个国家并开创了中古时期。

▼ 希拉康波利斯

希拉康波利斯的地理位置很接近今天的贝尼苏夫（Beni Suef）。这个城邦当时是上埃及地区第二十省的首府。在第九和第十王朝时期，希拉康波利斯是声称拥有埃及王权的一支法老的权力中心。

▼ 努比亚雇佣兵

省长们建立了自己的军队，其中有很多努比亚雇佣兵。位于底比斯南部30千米（18英里）处的盖博拉（Gebelein）似乎存在着一个很大的努比亚殖民地。在附近的墓葬中发现了几块石板，上面刻画着头发卷曲，穿着短缠腰布的努比亚人。他们的缠腰布上挂着绶带和武器。他们身旁一般都伴有他们最喜爱的动物、体形硕大而瘦弱的狗。这块石板属于一位名叫铁赫努（Tjehenu）的士兵。

历史与社会

第七第八王朝和第一过渡时期开始于公元前2181年

▲ **安克提菲（Ankhtify）古墓**

希拉康波利斯和艾得夫地区的一位省长安克提菲（大约公元前2160 年），是西班政权的一位反对者。

◀ **赫卡（Heka）和妻子赫米特（Hemet）石板**

第一过渡时期在省级低层官员的古墓中唯一的浮雕装饰是当地工匠制造的石灰石石板。

年	2170	2165	2160	2155	2150	2145	2140
王朝	第七和第八王朝			第九和第十王朝			

第一过渡时期的国王们

◀ **内弗尔卡拉（Neferkare）**

在第七和第八王朝，有一系列国王继续佩皮二世的王衔并在很短时期内统治了埃及。他们试图以这种方式延续古王朝的传统，并将他们的统治合法化。内弗尔卡拉这个名字出现在位于艾尔默阿拉（el-Mo'alla）的安克提菲古墓中，它的意思是“拉的灵魂是完美的（Perfect is the ka of Ra）”。

► **曼图霍特普一世（Mentuhotep I）**

曼图霍特普一世是底比斯王朝的缔造者。他的出生名字意思是“门图神很满意（Montu is content）”。名字中没有附加国王头衔，只加了省长头衔。继承他王位的两位国王可能是他的儿子。

◀ **因特夫一世塞赫尔塔威（Intef I Sehertawy）**

因特夫一世塞赫尔塔威是西班的首位统治者。因特夫一世正式接受皇室头衔，以此来威胁埃拉克雷奥波利斯的统治者们。据当代文献记载，在他12年统治的末期战胜省长安克提菲后，因特夫一世统治了最南边从埃勒芬蒂尼到登达拉的6个省份。

◀ **凯提（Khety）石板**

只有在第九和第十王朝都城希拉康波利斯发现了几块石板和几扇假门，上面刻有当时一些官员的名字和头衔，发现于第一过渡时期严重损毁的大墓地中。

2135　2130　2125　2120　2115　2110　2105

▶ **因特夫二世瓦汉克（Intef II Wahankh）**

因特夫二世的赫鲁斯式王衔的意思是“拥有永恒的生命”。他的统治持续了50年。在这个时期内，埃拉克雷奥波利斯发生了严重的冲突。因特夫二世通过征服提尼斯和阿比多斯所在的上埃及第八省，而将西班的影响区域扩大到艾斯尤特地区。根据因特夫二世古墓石碑上的铭文所示，在他统治第五十年时期北部边界在卡奥艾尔凯比尔（Qau el-Kebir）的上埃及第十省处。他的反对者包括艾斯尤特的省长们，他们是埃拉克雷奥波利斯政权的盟友。因特夫二世的古墓位于西班大墓地的北部，被称做萨夫古墓（saff tomb），因为它宏伟的正门处有一排柱子（在阿拉伯语中“萨夫”是“柱子”的意思）。

第一过渡时期的埃及

除了埃拉克雷奥波利斯和底比斯两个王国外还有一些独立的小城邦，当时至少是暂时独立。埃拉克雷奥波利斯人最信任的盟友就是艾斯尤特的省长们。

2100	2095	2090	2085	2080	2075	20

底比斯第十一王朝公元前 2125—公元前 2055 年

埃拉克雷奥波利斯第九和第十一王朝公元前 2160—公元前 2055 年

因特夫三世纳克特内特普涅弗（Intef III Nakhtnebtepnefer）

这是国王的赫鲁斯式王衔，意思是“正确行动的强大主人”。他只统治了8年。对于他和埃拉克雷奥波利斯统治者凯提五世的冲突没有准确记载。

第九和第十王朝有记录的国王共有4位，他们执政的先后顺序不确定。

凯提五世瓦赫卡拉（Khety V Wahkara）

他是埃拉克雷奥波利斯最重要的国王，也是《梅利卡拉教义》（*Teachings for Merykara*）的作者。这本书是用来指导他的儿子应如何当国王的指南。

◀ **棺木文本**

中央集权的倾覆导致了政治、社会和宗教事务的变化。原本皇室专有的棺木文本写在了每一个人的棺木上。这是一种来世的“民主化”。

◀ **提耶特吉（Tjetji）石碑**

提耶特吉是因特夫二世的财务官。他的石碑上写明了他在因特夫统治时期于埃勒芬蒂尼南边和提尼斯北边地区所供职的时间。

2065	2060	2055	2050	2045	2040	年
						王朝

在他统治时期内出现了与西班政权的几年和平时期。而后他率领军队与控制三角洲地区的亚洲贝都因人进行交战，并将他们逐出埃及。从那时起又有了埃及与毕伯劳斯的贸易记载。凯提五世在东三角洲地区立起了一座所谓的“统治者之墙”来保卫边界。

凯提四世梅利伊布拉（Khety IV Meryibra）

关于埃拉克雷奥波利斯这位国王的记载很少。他的王衔意思是“像拉一样有颗爱心”。他在第九和第十王朝国王中的位置还不太清楚。

梅利卡拉（Merykara）

这是埃拉克雷奥波利斯唯一一位国王的王衔。他的古墓金字塔据铭文所载，其意思是“像拉一样热爱卡的权力”。在他统治期间，由于西班政权的多次进攻，埃拉克雷奥波利斯第一次出现了很多麻烦。

曼图霍特普二世（Mentuhotep Ⅱ）

在曼图霍特普二世成功打败埃拉克雷奥波利斯之后，重新统一了埃及，建立了中古时期。

第一过渡时期（公元前2181—公元前2055年）

埃拉克雷奥波利斯

埃拉克雷奥波利斯位于上埃及地区。它在第一过渡时期（公元前2181—公元前2055年）的政治动荡期间曾短暂地作为这个国家的都城。

在古王朝（公元前2686—公元前2181年）末期，法老的中央集权开始衰落，地方统治者获得权力。这个曾一度统一的国家被分割成许多小领地。约20年后，第九和第十王朝（公元前2160—公元前2025年）的首位统治者凯提一世宣称对整个埃及拥有主权，并将政治中心从孟菲斯转移到埃拉克雷奥波利斯。

分割统治

第九和第十王朝的国王们统治埃及只有很短的时间。在这段时间内，上埃及地区出现了抵抗运动。在曼图霍特普一世和他的儿子因特夫一世（公元前2125—公元前2112年）统治时期，西班人从埃拉克雷奥波利斯中分离出去并宣布独立。这导致了第十一王朝的建立和国家的分裂。曼图霍特普一世的3位继承人都名为因特夫，并且认为他们是上、下埃及的合法国王。然而，是曼图霍特普二世在公元前2055年将上、下埃及统一起来，缔造了中古时期。

◀ **赫利什夫（Heryshef）神**

埃拉克雷奥波利斯的创造者是一个头部为公羊头的神，其古埃及名字叫做赫利什夫（“湖上人”）。希腊人将他等同于他们的赫拉克勒斯（Herakles）神，并将这座城市命名为埃拉克雷奥波利斯。

现存的埃拉克雷奥波利斯遗址包括一座供奉赫利什夫神的神庙及一座神庙附近的第一过渡时期的大墓葬。这个墓葬地也有托勒密王朝和罗马时期（公元前332—公元395年）的古墓。神庙建筑群包含一块神圣的湖泊。神庙在拉姆西斯二世（公元前1279—公元前1213年）时期得到了扩建，加上了一个有很多花岗岩石柱的多柱式门厅和棕榈叶柱顶。

▲ 首府和行政区

埃拉克雷奥波利斯是上埃及第二十省的首府。这个省的原名是纳赫特－赫恩特（naret-khentet），意思是“前面的naret（树）”。这棵树很可能是夹竹桃种。

▼ 巴哈于瑟夫

埃拉克雷奥波利斯的古名字是赫纳－纳斯威（Henen-nesw），意思是“国王孩子的（家）”，这反映在这座城市现代名字伊赫纳斯亚艾尔梅地纳（Ihnasya el-Medina）中。它坐落在巴哈于瑟夫运河右岸肥沃的法尤姆绿洲地区。在整个埃及的历史上，它都是一个非常重要的宗教中心。

巴哈于瑟夫是一条通往淡水湖米瑞斯（Birket Qarun）的运河。

埃拉克雷奥波利斯位于法尤姆绿洲的南部。

新的开始

埃拉克雷奥波利斯在第三过渡时期（公元前1069—公元前747 年）重新兴盛起来。考古挖掘出土了一座大神庙、居住地部分原貌和一座时间可追溯到这个时期的墓地。

知识窗

城邦的历史

埃拉克雷奥波利斯在第九和第十王朝时期（公元前2160—公元前2025年）达到了鼎盛，但是这座古老的城邦在埃及历史中扮演着应有的角色。城邦之神赫利什夫的神庙在第十一王朝时期得到了扩建。

城邦的大墓葬在赛德蒙特附近，遗址从第一过渡时期到葛雷哥–罗马时期被使用。在孟菲斯发现的一块石板证明了第二十二王朝缔造者，法老舍松契一世（Sheshonq）（公元前945—公元前924年）来自埃拉克雷奥波利斯。同时在这一城邦遗址发现的很多纪念碑源自第三过渡时期（公元前1069—公元前747年）。

后来，希腊人、罗马人和基督教埃及人定居于埃拉克雷奥波利斯。此地的考古挖掘出土了基督教雕塑、建筑元素和一两座建筑的断壁残垣。在这些考古挖掘中，一个早期的基督教教堂（下图）地基被发现。

◀ **沙巴提**

埃拉克雷奥波利斯沙巴提手持锄头，要在来世的土地上耕作。

▶ **曼图霍特普二世**

在埃拉克雷奥波利斯最后一位国王统治时期，曼图霍特普二世（公元前2055—公元前2004年）从底比斯向埃拉克雷奥波利斯和中埃及地区半独立的总督们发起了攻击。经过残酷的战争，埃拉克雷奥波利斯大墓地被彻底破坏，曼图霍特普二世以胜利者的姿态出现了。在公元前2055年左右，他完成了埃及的统一进程，宣告着中古时期（公元前2055—公元前1650年）的开始。

努比亚（大约公元前5000—公元300年）

努比亚和埃及

努比亚位于阿斯旺（Aswan）南部，盛产金、铜和非稀有宝石。另外，它还控制着通往非洲的贸易通路及其对象牙、黑檀树和动物毛皮的垂涎。

和埃及相比，努比亚只是尼罗河沿岸的一块很小的肥沃土地。但是，努比亚盛产矿物质，并且奢侈物品的贸易非常盛行。考古证据显示，埃及和努比亚早在前王朝时期就有了往来，但是在公元前3000年，埃及演化成一个中央集权的等级社会，此后的法老们都放眼于对南部土地的控制。

最初的突袭只是为了征集奴隶，但是到了古王朝时期（公元前2686—公元前2181年），埃及在南部土地上建立了永久居住地来开采金、冶炼铜和闪长岩石。这些矿产中一些是用来修建胡夫（公元前2589—公元前2566年）和哈夫拉（公元前2558—公元前2532年）墓葬神庙中的雕像。

◀ **随葬品**

在罗马人统治埃及的时候，努比亚被当地的国王所统治。在这些国王死后，他们被埋葬在地下墓室中。墓室被一块土墩覆盖着，里面有很多随葬品。在这些古墓中发现了很多财宝，如这顶银质头饰，上面镶着经过雕琢的宝石。头饰上的蛇形标志、太阳圆盘和颇具特色的阿提夫王冠上的羽毛都显示出了埃及的影响。

第一过渡时期（公元前2181—公元前2055）的动荡打断了两个国家的商业往来。直到中古时期（公元前2055—公元前1650年）局势稳定后，埃及重新获得权力，商业往来才重新展开。在辛努塞尔特一世（Senusret I）（公元前1965—公元前1920年）和辛努塞尔特三世（公元前1874—公元前1855年）的军事征战后，下努比亚被纳入进来，并建立了一系列军事堡垒直至第二大瀑布地区。在新王朝时期（公元前1550—公元前1069年），法老们将南部边界移到第四大瀑布地区，将努比亚分割成了两个行政区域。

▼ **努比亚人**

在埃及的壁画和浮雕上经常出现努比亚人。他们的特点有大鼻子、宽嘴唇、深肤色和非常有特色的发型，有时还戴有头饰。今天埃及南部和苏丹北部（前努比亚人的居住地）的人口仍有着同样的面部特征。

当法老的努比亚人

在新王朝末期，随着埃及的权力逐渐衰落，在努比亚建立起了一个独立的王国。在公元前750年左右，努比亚人接过法老王冠，接掌了统治权，直到公元前664年亚述人的入侵。

◀ 埃及人和努比亚人并不总是在打仗。在中古时期（公元前2055—公元前1650年），努比亚人还在埃及当过警察，并且曾是国王护卫队的成员。

然而，在艺术创作中，努比亚人经常被刻画成仆人。这个小雪花石膏雕像可追溯到新王朝时期。它刻画了一个肩上扛着大器皿的努比亚人形象。那个时候这种器皿最有可能是用来盛放珍贵的油或香水。

▲ **一位努比亚法老**

塔哈尔卡（Taharqo）（公元前690—公元前664年）是努比亚第二十五王朝时期的第三任法老。他是从他的侄子沙比特卡（Shabitqo）（公元前720—公元前690 年）那里继承了埃及和努比亚的王位。在他26年的统治期间，他在卡纳克（Karnak）、卡瓦（Kawa）、阿布城（Medinet Habu）和萨纳姆（Sanam）神庙建筑群中修建纪念碑。他在公元前671年被亚述入侵者驱逐出埃及，最终死在他的祖国努比亚。

征服努比亚

在新王朝时期（公元前1550—公元前1069 年），努比亚是很多军事袭击的目标。这最终导致了这个国家远至第四大瀑布地区都被占领了。这块浮雕来自霍伦海布（公元前1323—公元前1295 年）位于萨卡拉大墓地的古墓，浮雕上刻画的是处置努比亚战俘的场景。

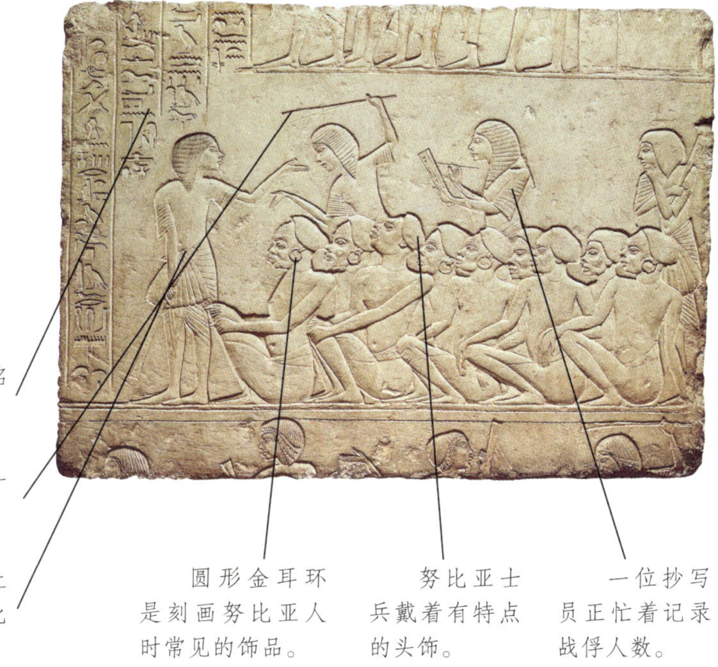

霍伦海布古墓的铭文描述了努比亚战争。

一个埃及守兵用一根棍子殴打战俘。

埃及士兵在衣着上和面部特征上都与努比亚人不同。

圆形金耳环是刻画努比亚人时常见的饰品。

努比亚士兵戴着有特点的头饰。

一位抄写员正忙着记录战俘人数。

▶ **法老权力**

新王朝时期的埃及法老在努比亚建立了很多神庙。这个位于努比亚北部瓦迪塞伯阿（Wadies-Sebua）的神庙建于拉姆西斯二世（公元前1279—公元前1213 年）时期。哈克特·霍伊尤（Hector Horeau）在19世纪创作了这幅画。

中古时期

在中古时期，法老文化达到了顶峰。在几百年中，埃及地区在美术和文学方面都取得了很高成就，使这一时期成为埃及历史上的一段黄金时期。

第一过渡时期（公元前2181—公元前2055年）结束于下埃及的埃拉克雷奥波利斯和上埃及的底比斯之间长达100年的战争。在公元前2055年，西班统治者曼图霍特普二世（公元前2055—公元前2004年）以战争胜利者的姿态出现了，他建立了一个新的统一的王国并称王。

曼图霍特普二世在底比斯建立了宫廷，并且将很多才能高超的官员和艺术家召集在那里。不久之后，埃及的文化和经济繁荣起来。今天，中古时期被看做埃及历史上的繁盛时期之一。

▼ **德尔巴利（Deir el-Bahri）的墓葬地**

中古时期的首位法老曼图霍特普二世安息在底比斯西岸地区。在那里他建造了一座非同寻常的有露台的墓葬群，后来被女王哈赛普苏（公元前1473—公元前1458年）效仿。

这一时期各地的统治者还保留着一些特权，这可以从贝尼哈桑（Beni Hasan）、梅尔（Meir）、艾芭夏（el-Bersha）和阿斯旺的岩石古墓中看出。尽管如此，第十二王朝（公元前1985—公元前1795 年）的国王们还是想要重新建立起一个中央集权制的中古王朝。在这个时候，主要的皇室居住地迁移到了法尤姆地区边上的伊特塔威（Itjtawy）。

贸易和占领

埃及与毕伯劳斯和爱琴海各岛屿间的贸易关系重新建立起来，同时在西部三角洲地带也建立起了防御工事，以阻挡亚洲人和贝都因人的进攻。在努比亚也建立起了防御堡垒，埃及文化也通过小神庙得到了广泛传播。大部分的神庙都供奉着赫鲁斯和赫努姆。

▶ 阿蒙神（Amun）的兴盛

底比斯从一个很小的省级城邦发展成为埃及最为重要的城邦之一，并且由于这个原因，西班诸神的声望也提高了，其重要性超越了地区的限制。直到法老时代的末期，阿蒙仍是埃及诸神中位阶最高的神。

▼ 永恒处所

和古王朝的先辈们一样，中古时期的国王们被安葬于金字塔内。然而，由于这些金字塔在建造过程中没有像以前的金字塔那样得到很好的照料和重视，它们在今日已经残破不堪。

▼ 战神门图

中古时期的法老们来自底比斯。艾尔曼特本地有猎鹰头的战神门图自中古时期起就在此受到朝拜。为了纪念门图，第十一王朝的4位统治者为自己起名为曼图霍特普，意思是“门图很满意”。在第十二王朝（公元前1985—公元前1795 年）之初，门图的神圣地位被阿蒙所取代了，但是辛努塞尔特三世（公元前1874—公元前1855 年）仍在梅达姆德（Medamud）为门图建造了一座大神庙。

在铭文中，猎鹰头的神门图被称做“底比斯之神”。

辛努塞尔特三世的名字和头衔写在了他头部上方。他站在一个带着双翅的圆盘下面，正在向门图进贡。

门图是艾尔曼特本地的神。他经常会被刻画成头戴一顶头饰，头饰上有一个太阳圆盘，两片直立的猎鹰羽毛和两个眼镜蛇的女神。

中古时期（公元前2055—公元前1650年）

南部的要塞

经过第一过渡时期的困难，中古时期（公元前2055—公元前1650年）的法老们重新控制下努比亚地区，将疆界延展到第二大瀑布地区，并在那里建造了一系列要塞。

自早期王朝时期，埃及在具有战略意义的敏感地区建立起了一个防御系统，来保护埃及的边境。防御系统包括堡垒、栅栏，还有边疆围墙来管理通往沙漠的路径。在三角洲地带，防御中东地区侵略者的入侵是必须的，如总是试图进入埃及的利比亚人。

▲ 板岩石板

这块板岩石板的细节表现了这个城市的象征性毁灭，以猎鹰形式表现的法老正在用他的爪子拆卸城墙。

保护贸易

在下努比亚的大瀑布地区建有很多堡垒。在中古时期，辛努塞尔特三世（公元前1874—公元前1855年）在这个地区建造了14个要塞，遍布在尼罗河沿岸的第一和第三大瀑布地区，要塞间隔不到60千米（37英里）。这些坚固的堡垒依赖于第二大瀑布地区定居点布罕（Buhen）地区的要塞，这个定居点是努比亚和苏丹之间的缓冲器，控制着两地之间唯一的商队通行路线。布罕成为这个地区的行政中心和南部埃及的权力中心。

要塞守军是由被强制征召的正规军和努比亚雇佣兵组成，但统帅却由埃及王子们或其他皇室成员组成。在守军内部，军营一般都是与士兵家庭和埃及定居者们的居住地相连，而行政建筑与各种宗教神庙连接在一起。

士兵的生活

士兵们要参加演习，接受每日训练，还要参加巡逻。他们负责监控商队的行动，保护附近的水井和绿洲，并对尼罗河上行驶的船只进行盘查。因此，这些要塞成为法老军事战役的基础，并且负责保卫奢侈物品如金、乌木、象牙、豹皮和鸵鸟羽毛运输通道的安全。

▶ 堡垒大门

这个通往西底比斯拉姆西斯三世（公元前1184—公元前1153年）的阿布城神庙的大门共有两个，为普通的要塞设计。大门上的浮雕记录了拉姆西斯三世在叙利亚-巴勒斯坦地区的军事战役。

▼ 盖斯尔依布里（Qasr Ibrim）的连贯性

在阿斯旺南部约240千米（150英里）处有一座盖斯尔依布里坚固的城堡，位于现在纳赛尔湖的一个海角处。这一地区在公元前1000年左右首次被占领，而后经历了连续的王朝，直至19世纪被奥特曼帝国的波斯尼亚军队所占领。1838年，当戴维·罗伯茨（David Roberts）描绘这幅水彩画时，它已经被荒置了。

在空气中晾干的泥砖在中古时期被用于修建要塞城堡。

城堡的城墙上是有城垛的，为士兵提供保护。

埃及士兵们和努比亚雇佣兵们驻守在城堡内部。

门楼中的通路很狭窄，使得城堡入口更易防守。

城堡的防御城墙通过间隔规律的半圆形小城堡而得到了加强。

▲ 布罕要塞

自古王朝时期（公元前2686—公元前2181 年）起，布罕就是一个非常重要的定居点，是努比亚采矿探险的战略基地。到了中古时期（公元前2055—公元前1650年），这个地方被开发成一处坚固的要塞，墙高11米（36英尺），厚5米（16英尺）。这处定居点中包括统治者的官邸、军营、行政及居住建筑和一座神庙。在第十八王朝时期（公元前1550—公元前1295年），第二座神庙建于此处。两座神庙都免受洪水侵袭，而要塞却沉入了纳赛尔湖水面之下。

曼图霍特普二世于公元前2055年统一埃及，开启了历史上的中古时期

◀ 皇家墓葬器具

在德尔巴利的曼图霍特普二世古墓中只发现了为数不多的墓葬器具。在古时候这一时期的皇家古墓都遭到盗掠。

◀ 艺术

在中古时期，埃及的艺术和文学达到了一个顶峰。这在古墓墙壁上的装饰和石棺上的绘画和文学作品中能够看出。

公元前2055年	公元前2004年	公元前1992年	公元前1985年
第十一王朝			

◀ 曼图霍特普二世（Mentuhotep II）

曼图霍特普二世是第十一王朝的首位统治者。他在大约公元前2055年战胜埃拉克雷奥波利斯实现了埃及的统一。他被认为是中古时期的缔造者。统一埃及后，他马上启动了对努比亚和巴勒斯坦的军事打击。他统治时期所建造的建筑有在托德的门图神庙、在登达拉的哈索尔神殿、在阿比多斯的欧西里斯神殿和在尼罗河埃勒芬蒂尼岛上的萨泰特（Satet）神殿。在德尔巴利的曼图霍特普二世墓葬神庙的古墓中有细致装饰的小神殿和他6位妾室的石棺。他名字的意思是“门图很满意”。

◀ 曼图霍特普四世（Mentuhotep IV）

曼图霍特普四世是第十一王朝的最后一位法老，名叫奈布塔维拉（Nebtawyra）。不过这个名字只在瓦迪哈马马特岩石铭文上有记载。维齐尔阿蒙涅姆赫特（Amenemhat）率领的探险队被派到瓦迪哈马马特为国王石棺搜集材料。没有发现奈布塔维拉古墓。他名字的意思是“拉是两国的君主”。

◀ 中古时期的埃及

在南北方内战结束后，第十一王朝的法老将埃及的政治中心转移到他的家乡底比斯。在第十二王朝的最初，他们回到了北部，将法尤姆绿洲旁的伊特塔威作为居住地。

▲ 卡纳克"白色小礼堂"中的浮雕

中古时期最重要的艺术品之一就是辛努塞尔特一世统治时期位于卡纳克神庙处的"白色小礼堂"。这座小礼堂在古代被摧毁，12世纪得到了重建。

公元前1965年

▼ 曼图霍特普三世（Mentuhotep III）

在曼图霍特普三世统治时期，桑哈拉（Sankhkara，"让拉的灵魂生存的人"）命令官员西奈努（Henenu）率领由3000人组成的探险队沿瓦迪哈马马特到达红海，再从红海到达庞特。他和他父亲的古墓都在德尔巴利。

◀ 阿蒙涅姆赫特一世（Amenemhat I）

这位第十二王朝缔造者的出生名字的意思是"阿盟在头脑中"。阿蒙涅姆赫特一世也许和曼图霍特普三世时期的那位同名维齐尔是一个人。他将皇室住地从底比斯转移到了伊特塔威，并且重新组织了埃及的管理部门。他所修建的一些建筑集中在三角洲地区。他可能是被暗杀的，死后被葬在艾尔利施特（el-Lisht ）附近的金字塔内。

▶ 辛努塞尔特一世（Senusret I）

辛努塞尔特一世被阿蒙涅姆赫特一世任命为联合摄政王。正如《辛努海的故事》（*The Tale of Senuhe*）中所述，他在攻打利比亚的战役中得知了父亲的死讯。在他长期的统治时期内，他特别关注法尤姆绿洲地区的发展。他建造并扩建了很多神庙和纪念碑，其中包括在卡纳克的"白色小礼堂"。他还通过建设许多要塞保护了在努比亚征服的疆土。他的古墓位于艾尔利施特。

◀ **公主的财宝**

尽管皇家墓地采取了很多预防措施，但是皇家古墓还是遭到了劫掠。有少数古墓的墓葬器具被完好保存了下来，其中包括在达舒尔的辛努塞尔特二世的妻子赫纳米特纳弗尔赫迪耶特（Khnemetneferhedjet）（公元前1908—公元前1878年）的石室古墓。

▶ **总督的墓葬**

在贝尼哈桑的古墓显示了尽管第十二王朝的国王们遏制总督们的权力，但他们最初是被允许保留财富的。

公元前1922年	公元前1880年	公元前1874年	公元前1855年
第十二王朝			

阿蒙涅姆赫特二世（Amenemhat II）

对于阿蒙涅姆赫特二世44年的统治我们几乎一无所知，只知道他曾率军攻打叙利亚，俘获1 500名战俘，并将他们带回了埃及，他曾派遣过一些贸易使团出访。他的金字塔外部由石灰石建造，位于达舒尔。

辛努塞尔特二世（Senusret II）

这位法老拓展了与叙利亚的商贸往来。这一点在位于贝尼哈桑德一位总督古墓中对于一队商队的刻画中可以看出。位于艾尔拉罕的金字塔旁边的大城曾是他的居住地。

辛努塞尔特三世（Senusret III）

辛努塞尔特三世也许是第十二王朝最为重要，也最为人们所知的一位法老。他废黜了总督官位世袭制，并派遣部队4次攻打努比亚。这使得他能够将埃及的南部边界设立在第二大瀑布地区的塞姆纳（Semna）。他位于达舒尔的金字塔遭到了严重破坏。

▲ **辛努塞尔特三世（Senusret III）**

辛努塞尔特三世调整了国内事务，并将埃及南部边界回推至第二大瀑布地区。

▲ **阿蒙涅姆赫特三世（Amenemhat III）**

除了加强与毕伯劳斯和克利特岛的经济联系，这位法老还着重开采了西奈的矿产资源。

公元前1808年	公元前1799年	公元前1795年

◀ **阿蒙涅姆赫特三世（Amenemhat III）**

古典作家们对阿蒙涅姆赫特三世都非常熟悉，这是由于他在哈瓦拉的著名墓葬神庙“迷宫（Labyrinth）”。在他长达50年的统治中，他的主要政绩是促进了法尤姆地区经济和政治的发展。他在当地建造了几座神庙，神庙中有很多精美的雕像。铭文指出他曾多次派遣探险队到斯奈、瓦迪哈马马特和努比亚的采石场。

◀ **阿蒙涅姆赫特四世（Amenemhat IV）**

这位统治者王衔的意思是“拉是公正的”。他鼓励与毕伯劳斯的贸易往来。在当地发现了几个写有他名字的人工品。他可能被埋葬在达舒尔附近的马茨胡纳。

▶ **塞贝克诺弗鲁（Sobekneferu）**

中古时期的最后一位统治者是位女性——女王塞贝克诺弗鲁，名字的意思是“塞贝克的美”。她是阿蒙涅姆赫特三世和阿蒙涅姆赫特四世的妻子所生的一个女儿。在阿蒙涅姆赫特四世死后，塞贝克诺弗鲁乘机获得只有男性才有资格获得的法老头衔。在她之后只有哈赛普苏和陶斯瑞特（Tausret）两位女王获得法老头衔。

塞贝克诺弗鲁死后，第十三和第十四王朝其后的君主都是短命统治者。第二过渡时期从445年后的公元前1650年开始。

中古时期(公元前2055—公元前1650年)

曼图霍特普二世

曼图霍特普二世在政治动乱的第一过渡时期后统一了埃及的两部分。他的统治开始于中古时期(公元前2055—公元前1650年)。

当西班第十一王朝(公元前2125—公元前2055年)的曼图霍特普二世(公元前2055—公元前2004年)接掌王位,他所统治的疆土从第一大瀑布地区延伸到艾斯尤特地区。最后一场战役决定了埃拉克雷奥波利斯第十二王朝(公元前2160—公元前2025年)的最终衰败,而后,曼图霍特普二世宣布成为统一后的埃及法老。然而,又过了几年,埃及才完全重获和平。

黑肤色代表着国王在来世重生。

▲ **战神门图**

国王和古老的西班战神之间有着很紧密的关系。曼图霍特普二世的出生名字是战神门图的名字,意思是“门图很满意”。

▶ **曼图霍特普二世雕像**

这座着色的砂岩雕像在仪式上埋葬在位于德尔巴利的曼图霍特普二世墓葬群露台下方的一座墓室中。国王穿着赛德节(皇室大赦节)服饰,头戴下埃及红色王冠。

这些变化用了30年的时间才完全实现。9年之后，曼图霍特普二世为自己起了一个新的赫鲁斯式王衔，意思是"为两片土地带来和平之人"。这位法老在积极地重建纪念碑的同时开始了大型的建筑项目，其中包括在德尔巴利的悬崖自然港湾处修建一座中古时期风格不同寻常的墓葬群，建筑群是有露台的。他在上埃及地区更为活跃，这通过他在登达拉、阿比多斯、埃尔卡布和埃勒芬蒂尼的纪念碑就可以看出。他还建立了供奉战神门图的神庙。门图在那个时候是底比斯的主要神灵。这些神庙分别建在梅达姆德、艾尔曼特和托德。

▲ 国家的统一

埃拉克雷奥波利斯衰落后，曼图霍特普二世最终完成了他的目标——统一埃及。这块浮雕表现出两位尼罗河神将纸莎草植物（下埃及）和莲花（上埃及）缠绕在象征统一的sema-tawi周围。在曼图霍特普二世统治末期，他将sema-tawi当做自己的赫鲁斯式王衔。

外交政策

曼图霍特普二世重新采取了外交政策来保护埃及的边界。他率领军队与利比亚人和西奈贝都因人进行战斗，重新获得了对于努比亚的控制。在德尔巴利发现了60个古埃及士兵的古墓。他们可能是在对努比亚人的战斗中被杀害的，或者死于对埃拉克雷奥波利斯城邦的首次进攻。当曼图霍特普二世去世时，他留给他儿子曼图霍特普三世（公元前2004—公元前1993年）的是一个繁荣稳定的国家。底比斯转变为一个主要的政治中心。底比斯之前并不为人所知的神灵阿蒙的地位也得到了提升，成为整个国家崇敬的神。

▼ 努比亚政治

曼图霍特普二世的一个重要目标就是控制努比亚，进而控制当地的金矿和通往撒哈拉以南非洲的贸易通路。尽管曼图霍特普二世的统治疆土远及第二大瀑布地区，努比亚仍然坚守着它在第一过渡时期的混乱中所获得的独立。

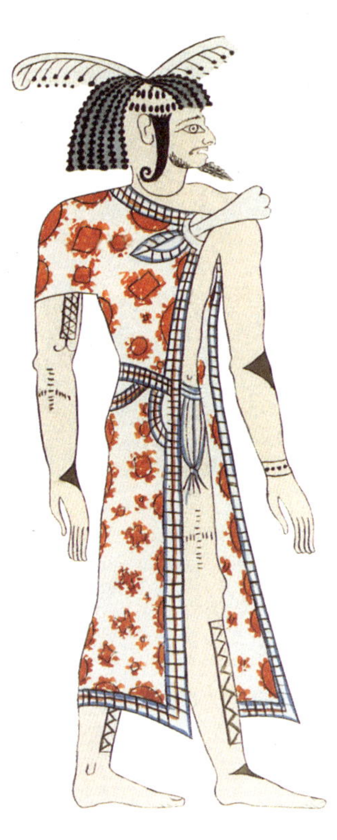

▶ **维齐尔官位**

曼图霍特普二世将政权集中在底比斯，以及努比亚分给他的维齐尔凯提。他的维齐尔梅努（Meru）负责对东部沙漠和绿洲的控制。

◀ **利比亚人**

在三角洲地带的西奈和西亚针对贝都因的军事远征结束后，曼图霍特普二世将他的注意力转移到了西边的利比亚人。他们以头发中插着两根羽毛和他们独特的着装而闻名。

▼ **达科拉绿洲**

在曼图霍特普二世登上王位后，难民逃往远处的绿洲地带，特别是逃往西部沙漠的达科拉地区。这导致了对这一地区的几次军事远征和惩罚。后来，由于绿洲地区肥沃的土地对于国家的经济非常重要，同时对于保卫埃及免受利比亚人的袭击具有战略意义，这片疆土被划归到“埃及的保护之下”。

中古时期（公元前2055—公元前1650年）

辛努塞尔特一世——一个有个性的人

最初作为其父亲的共同摄政王管理国家，辛努塞尔特一世统治埃及45年。他建立了稳定的政治局面，通过贸易和征服扩展了埃及的疆土。他建造了宏伟的纪念碑，并鼓励艺术和文学的发展。

当年轻的辛努塞尔特王子（公元前1965—公元前1920年）从利比亚军事战争中归来，他得知他的父亲阿蒙涅姆赫特一世（公元前1985—公元前1955年）一直是宫廷阴谋的受害者并遭到了谋杀。由于从10岁开始，辛努塞尔特就作为其父亲的共同摄政王治理国家，因此辛努塞尔特继承了王位。

受到这些事件的启发，出现了埃及文学中最受欢迎的故事之——《辛努海的故事》。这本书讲述了一位宫廷雇佣者的生活。这位雇佣者经历了一系列的考验和磨难后仍然忠诚于国王。这本质上是一个为宣传用的故事，其目的是强化辛努塞尔特的父亲所创建的第十二王朝（公元前1985—公元前1795年）的合法性。

辛努塞尔特一世戴着上埃及地区的白色王冠，手持一个长手杖或王杖，它象征着政权。

▶ 上、下埃及的国王

在辛努塞尔特位于艾尔利施特的墓葬群附近的是一些高官的古墓，其中一座是赫里奥波利斯的著名建筑师和祭司伊姆霍特普的古墓。在这座古墓中发现两座辛努塞尔特一世的着色雕像。在其中一座雕像中，辛努塞尔特头戴下埃及地区的红色王冠。另一座雕像现存放在开罗的埃及博物馆内。在这座雕像中，他头戴着上埃及地区的白色王冠。

辛努塞尔特继续着阿蒙涅姆赫特一世的征服之旅。在努比亚，他将其控制地区延伸到第三大瀑布地区，大概是今天的苏丹地区。他加强了埃及的要塞，一直延续到以比亚海岸地区。他与叙利亚–巴勒斯坦进行了富有成果的贸易往来，并且在他的疆域内开采了金矿和采石场。

伊特塔威在辛努塞尔特统治时期继续成为国家的首府。这座城邦位于法尤姆绿洲地区，离今天的艾尔利施特不远。法老在艾尔利施特建造了自己的金字塔群。他还建造了一系列新建筑，并且整修了一些旧建筑，运用从采石场采集的石头建造了很多装饰神庙的雕像和纪念碑。

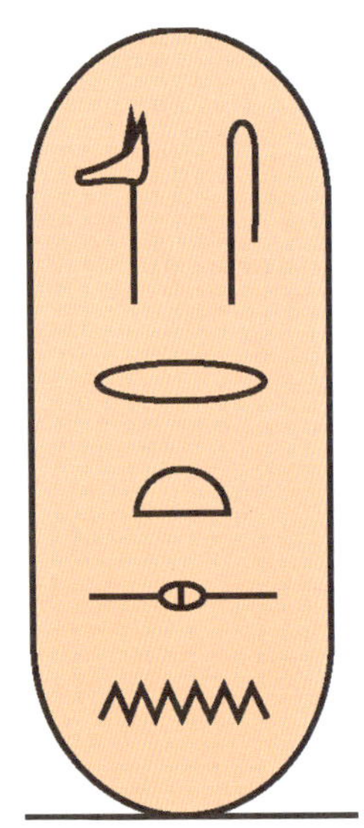

▲ 出生姓名名字徽框

只有国王的出生姓名和王位名称才能够刻在名字徽框中。辛努塞尔特是法老的出生姓名，其意思是“女神沃斯赫特（Wosret）的男人”。

▼ 金字塔遗址

中古时期（公元前2055—公元前1650 年）的金字塔建造过程不像古王朝时期（公元前2686—公元前2181 年）那么用心。这些金字塔不能够抵御岁月的侵蚀。金字塔的内部结构由泥砖垒砌成，暴露在外面不久便腐蚀了。与此同时，上升的地下水淹没了墓室，使地基下沉。

建造者和赞助者

尽管辛努塞尔特参与到了位于卡纳克的阿蒙–拉神庙的扩建工程，但是几乎没有证据证明他就是建造者。他还整修了赫里奥波利斯的太阳神拉的神殿。这一神殿现存的只有一座高20米（66英尺）的方尖石塔。辛努塞尔特还鼓励作家创作出经典巨制，如《辛努海的故事》、《阿蒙涅姆赫特一世教诲》（*The Instruction of Amenemhat I*）和《忠诚者教诲》（*The Loyalist's Instruction*）。他在死前让他的儿子，未来的阿蒙涅姆赫特二世摄政了4年。

坐着的法老

辛努塞尔特位于艾尔利施特的墓葬群，由一座高61米（200英尺）的石灰石金字塔组成，周围伴有国王女性亲属的9个小金字塔、一座卫星金字塔和一座供奉皇室宗教的神庙。在墓葬神庙的东北处，有10个与真人尺寸一模一样但没有完成的法老坐像在一个沟中被发现。

包头巾上有蛇形标志（大毒蛇）装饰，这是皇室头饰中常见的装饰图案。

仪式“假”胡子在法老的代表形象中是典型装饰物。

一只手放在大腿上的帝王姿势经常在雕像中采用。

右手握着一块叠好的亚麻布，这在象形文字中代表着健康。

脚放在底座上。底座使用的石块和雕像相同。石块边上装饰着上、下埃及统一的标志。

▼ **白色小礼堂**

当1922年，位于卡纳克的阿蒙神庙的第三座塔门为了进行整修而必须全部拆除，法国建筑师毛瑞斯·皮雷特（Maurice Pillet）发现这座白色礼堂的装饰石块是这座神庙的基础。

这座小礼堂建于辛努塞尔特一世统治时期，现在仍保存完好。白色的石灰石石块被保存得尤为完好，因此才可能进行重建。最初，这座礼堂在游行路径上是作为一个遮蔽所，为阿蒙神的游艇提供一个暂时的圣坛。

中古时期（公元前2055—公元前1650年）

辛努塞尔特三世

辛努塞尔特三世（公元前1874—公元前1855年）是一位卓越的将领、智慧的管理者和积极的建造者。他是中古时期最为成功的国王之一。他在位19年期间，埃及获得了无可比拟的繁荣。埃及边界安全，政府实行了改革。

辛努塞尔特三世在位期间进行了4次军事战役，在这些战役中，他征服了直达尼罗河第二大瀑布的下努比亚地区。这一地区自古王朝时期（公元前2686—公元前2181年）就由埃及人控制，成为埃及重要的组成部分。为了保护他的领地免受苏丹的侵袭，法老建造了一个强大的防御体系，其中包括8个防御城堡，竖立在尼罗河两岸，覆盖了第二大瀑布附近的布罕和塞姆纳。

▼达舒尔金字塔

辛努塞尔特三世的金字塔是由粗砖石砌成，最初覆盖着石灰石，是孟菲斯大墓葬地南端的一部分。一个花岗岩石棺于1894年被发现，但是没有证据表明法老被安葬于此。然而在金字塔内的其他墓室中发现的随葬财宝是属于皇室妇女的。

在塞姆纳发现的一块石板上，辛努塞尔特三世宣布他已将国家的南部边界确定于第二大瀑布地区，因此只有带着和平意愿的努比亚人才能够穿越这一边界。

对付省长

在国内，辛努塞尔特三世面临着一个严峻的问题，就是如何削弱省长们的权力。这些省长们的职位自从古王朝末期就一直是世袭的，以至于这些省长们的财富权力堪比肩法老。国王采取了理智的措施，对地区政权进行了广泛改革。

某些地区统治者们已经拥有了自己的军队，这对于皇权是一个永久性的威胁。为了铲除这一危害，辛努塞尔特三世废除了给予这些省长权力的省级区划，建立了一个地区政府的新模式。

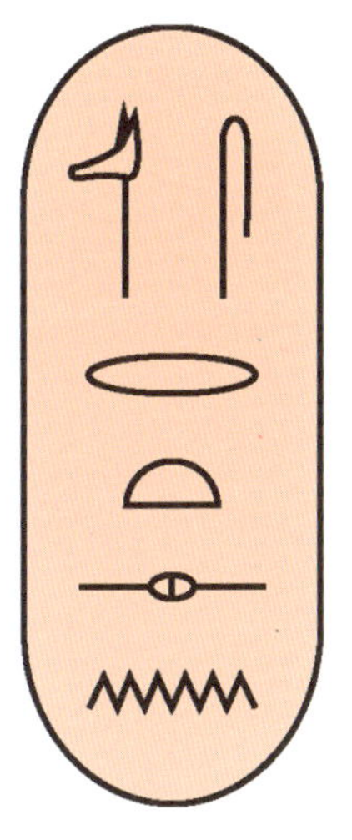

▲ **辛努塞尔特，“女神尤瑟赫特（Useret）的男人”**

国王辛努塞尔特的出生姓名的意思是“女神尤瑟赫特的男人”，或“强大女神的男人”。它将国家的主权置于这位西班女神的保护之下。这位女神经常被刻画成身背弓箭。然而她在古埃及的万神殿中只属于第二等级的神灵。

► **辛努塞尔特头像**

这尊辛努塞尔特三世的头像是弗朗哥－埃及人于1970年发现于卡纳克第六塔门前。他的胡须可以显示出国王是被刻画成欧西里斯神或者他身着塞德节（皇室大赦节）服饰。

驻扎在防御城堡内守军的任务是驱逐敌对部族。为了促进努比亚和埃及的交通，并使得船只能够避开第一大瀑布的急流，辛努塞尔特三世在古王朝末期扩大了第一大瀑布周围的瑟赫尔（Sehel）运河。

在埃及北部，国王的军事活动并不壮观，只是局限于控制边界和国王亲自率军远征巴勒斯坦。辛努塞尔特三世夺取了巴勒斯坦城邦赛克麽姆（Sekmem），但却没有将征服进行到底。

知识窗

梅赫赫特（Mereret）胸饰

在1895年，雅克·德摩根（Jacque de Morgan）在辛努塞尔特三世金字塔背面的地下走廊发现了两件珍品。这座金字塔是为了皇室家族的女性石棺而建造的。这两件珍品属于席特–哈索尔（Sit-Hathor）和梅赫赫特，她们分别是国王的妹妹和妻子。在梅赫赫特的首饰中有一个由黄金、红玉髓和天青石制成的胸饰。上面刻画的图案是化身为狮身鹫首的怪兽的辛努塞尔特三世将一个努比亚敌人踩在脚下并殴打一名利比亚人。中间是女神奈库贝特（Nekhbet）的尘世化身，一只秃鹫盘旋在国王的名字徽框上方。这一设计用两支有莲花的框柱，放在一个神龛中。

狮身鹫首的怪兽头部是一只有羽毛的猎鹰。

奈库贝特，上埃及地区的守护女神，展开了她的保护双翼。

狮身鹫首的怪兽是一只虚构的动物，它有着狮子的身体和猎鹰的头。

名字徽框中圈着法老的王权名字哈克奥拉（Khakaura）。

与东方的贸易

埃及在近东地区没有帝制计划，而辛努塞尔特三世喜欢发展与地中海东部近邻的关系。埃及与叙利亚–巴勒斯坦发展贸易，并自此被分成美索不达米亚和安纳托利亚。埃及还和克里特岛进行贸易。在克里特岛上发现的陶器能够证明这一点。

▼ 年轻的辛努塞尔特三世

闪长岩雕像发现于位于梅达姆德的门图神庙，表现了头戴内梅斯头饰的年轻辛努塞尔特三世的形象。

▼ 中年辛努塞尔特三世

在其雕像中，辛努塞尔特三世结束了将已存在的肖像理想化的传统，引入了现实主义的元素。在卡纳克发现的粉色花岗岩头像表现出了一位成熟统治者的特征。

▼ 年老的辛努塞尔特三世

这座雕像表现的是年老的辛努塞尔特三世的形象。他的脸部线条较深，眼睛下垂。国王年轻和年老时的雕像现存放在巴黎卢浮宫内。这两座雕像是在同一时间而不是在其统治的不同阶段刻制的。这些肖像的背后究竟有何缘由呢？一些人认为是为了反映出太阳运行周期——老年意味着晚上，青年意味着早晨，中年意味着中午。还有人认为这些雕像表达了一个新的王权观念，长期掌权被认为是最理想的。

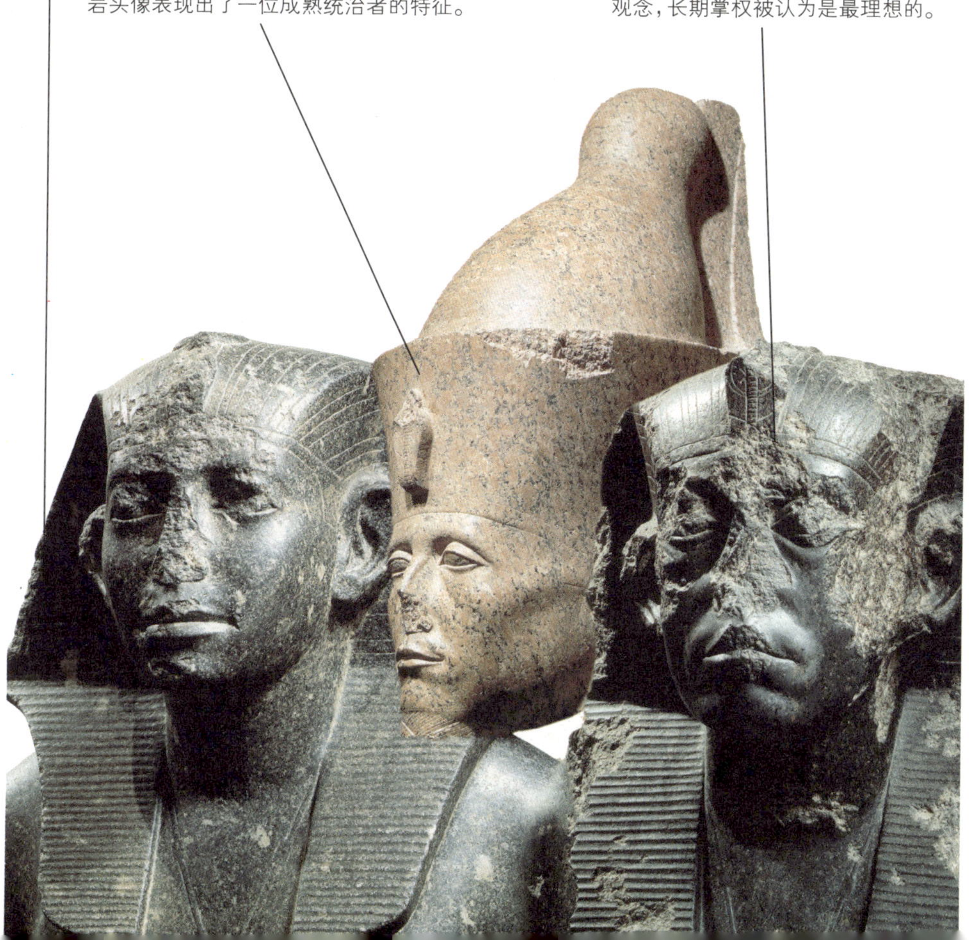

法老将埃及分成3个地区：下埃及、上埃及和埃勒芬蒂尼，还有北努比亚。每个地区都由一位类似于首相的维齐尔来管理，他手下还有一些部长和官员们为他效力。这种激进改革的最直接后果是大幅度减少了贵族和效力于政府的崛起的中产阶级的权力。

和大部分法老一样，辛努塞尔特三世还是一位伟大的建造者。他在梅达姆德建造了一座神庙来供奉战神门图，同时还照看位于卡纳克的阿蒙神庙和位于阿比多斯的欧西里斯神庙。他为自己在萨卡拉南边的达舒尔建造了一座金字塔。他还在死神欧西里斯的圣城阿比多斯建造了一个衣冠冢（一座象征性的空置的皇家古墓）。

▼ **埃及的敌人**

埃及人在南部第二大瀑布地区捍卫国家的边界，抗击从克尔玛（Kerma）王国而来的努比亚的侵袭。克尔玛的中心位于第三大瀑布附近。在北部，辛努塞尔特三世注意着贝都因人的一举一动，以防他们渗透进入三角洲地区。

祭司们使用的次级大门通往神庙内部。

中间柱子的顶部被雕刻成开放的纸莎草纸，侧部柱子的顶部被雕刻成待放的花蕾。

柱状物由多个圆柱形石块砌成，而不是独块巨石。

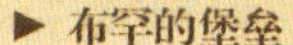

▶ 布罕的堡垒

尽管在布罕已经存在定居点，但是在位于尼罗河的第二大瀑布附近，辛努塞尔特三世将其转变为一个巨大而威严的军事要塞来控制这一地区向东直到第二大瀑布的地区。这幅图展示了要塞堡垒的一部分泥砖城墙。

装饰楣梁的铭文不是画这幅画的画家复制出来的。

◀ 梅达姆德神庙

位于梅达姆德的神庙是辛努塞尔特三世为供奉门图而建造的。它在新王朝时期获得修缮，并在托勒密又再次被翻修。然而这座神庙经不起时间的侵蚀，正如这幅由苏格兰艺术家和旅行家戴维·罗伯茨（David Roberts）于19世纪绘制的画所显示的那样。作者用水彩画忠诚地复制了很多古埃及纪念碑。

知识窗

神奇的小雕像

埃及人为了用魔法摧毁敌人而制造了很多战俘的小雕像。这些雕像中，战俘们的手都被绑在了背后。在这些小雕像的身上刻上了一系列王子和国家的名字，如果他们叛变就将会被摧毁。图中所示的小雕像（右图展示了雕像的正面和背面图）可追溯到公元前2000年左右。

努比亚和叙利亚–巴勒斯坦的不同地区都通过这种方式被记录下来了。这些埋藏在地下的小雕像是一种防御敌人的神奇保护系统，而防御城堡是实体性的保护系统。在很多花瓶上也能发现这种铭文。这些花瓶在仪式符咒被念出后就被打碎了。

在位于米尔吉萨（Mirgissa）地区的努比亚要塞出土了很多花瓶、碎片和雕像。这个要塞是辛努塞尔特三世所建造的。有些物品被扔到了井里，在它们旁边还发现了一个人头骨和一个燧石刀片。看起来这样的一种神奇的仪式还包含了殉葬的人类。

▼ 战神门图

由于底比斯王子们统一了埃及，重新在中古时代中期赋予法老们权力，门图成为这个国家最重要的神灵之一。在底比斯内部和周边的4个地方建造了4个供奉他的神庙。这4个地方分别是梅达姆德（下图）、托德、艾尔曼特和卡纳克。这4座神庙形成了一个防御系统为供奉阿蒙的卡纳克神庙提供神奇的保护。

第二过渡时期

随着中古时期的衰落，很多西亚人在三角洲地区建立了定居点并开始了对埃及的异族统治。这在埃及历史上被称做第二过渡时期。

女王塞贝克诺弗鲁（Sobekneferu）（公元前1799—公元前1795年）死后，中古时期（公元前2055—公元前1650年）进入了一个长期的衰落期。第十三王朝（公元前1795—公元前1650年后）共有约70位统治者，每人只统治了几年。皇室住地仍在伊特塔威。边界控制的放松使很多西亚人进入三角洲地区定居。到了十三王朝后期，东三角洲摆脱了衰落的中央政府的控制，受第十四王朝（公元前1750—公元前1650年）的小国王们的统治。

在公元前1650年左右，三角洲地区的统治者被古埃及人称做“异族土地的统治者”的国王们夺取了政权，这些人后来被希腊人称做西克索人（Hyksos）。他们在三角洲地区建立了阿瓦利斯作为行政中心。大约在同一时期，第十三王朝的统治者们抛弃了伊特塔威，撤退到南部，在底比斯建立了新的都城。第二过渡时期自此开始。但是考古资料没有确认每一任统治者具体的统治时间。

西克索人将他们的领地从阿瓦利斯最终延伸到孟菲斯。最初，他们和当地埃及国王们维持着和平的关系，而且西克索人采取了埃及传统的统治模式。出土的皇室墓葬和几个皇室雕像都是中古时期的风格。文学也继续以这种传统形式进行发展，新的作品问世，像《兰德数学纸草书》（*Rhind Mathematical Papyrus*）这样的旧作被多次复制。

▶ 技术革新

直到此时，我们才知道埃及人使用两轮马拉战车。在近东地区也发展出了改良的弓箭。西克索军队在战斗中强于埃及士兵。

◀ **巴力（Baal）和塞特**

西克索人敬拜古埃及的混乱之神塞特，他们将塞特等同于叙利亚－巴勒斯坦地区的天气之神巴力。其他被敬拜的埃及神灵包括女神阿斯塔特（Astarte）和阿纳特（Anat）。她们都是来自叙利亚－巴勒斯坦地区，曾是巴力和塞特的配偶。他们被认为是国王在战斗中的神圣的保护神。

巴利和古埃及诸神一样，也是站在一个长有双翼的太阳圆盘下方。

阿特夫王冠上有大毒蛇形标记。一块有牛尾巴的缠腰布是古埃及法老和诸神的典型装束。

▼ **埃及和地中海世界**

西克索时期建造的壁画残片发现于阿瓦利斯（今天的泰尔艾尔达巴（Tell el-Dab'a））。这个古希腊克里特风格的壁画上绘制了与克利特岛克诺索斯（Knossos）装饰如狮身鹫首的怪兽和公牛等相似的场景。在克利特岛，巴格达和波哈兹科依（Boghazkoy）上发现了刻有西克索国王名字的古埃及物品，这显示出爱琴海和近东地区的贸易往来。

◀ **卡莫斯（Kamose）**

卡莫斯（公元前1555—公元前1550 年）是第十七王朝的最后一位法老。他继续了由其父亲塔阿二世（Taa II，大约公元前1560 年）发起的抗击西克索人的战役。1857年，他的金字塔状的古墓在西底比斯的德拉阿布艾尔纳加（Dra Abu el-Naga）地区被发现。当他的棺木被开启的一刹那，他的木乃伊便碎裂了。

◀ **那赫特普一世（Ahhotep I）的手镯**

阿摩斯的母亲那赫特普一世（大约公元前1590—公元前1530年）在法老16岁之前都一直摄政。写有她儿子名字的很多人工制品在她的古墓中被发现了，其中还有很多的珠宝。这只用天青石装饰的金质手镯显示出国王跪在盖布神（Geb）面前的情形。盖布神抬起了右手，承认了国王的统治者身份。

然而，西克索人在军事上优于埃及人，引入了马拉的战车、改良的弓箭、弯曲的赫波什（Khepesh）剑、头盔和盔甲。

大约公元前1570年爆发了真正的冲突。西克索统治者阿波比（Apepi）谴责西班统治者塔阿二世屠杀卡纳克湖中的河马，因为河马是供奉给塞特和巴力的生物。塔阿二世似乎在战斗中被杀死，因为他的头骨上有一道西亚风格的斧头留下的伤痕。他的继任者卡莫斯将西克索人赶回了阿瓦利斯。卡莫斯的儿子阿摩斯（Ahmose）（公元前1550—公元前1525 年）将西克索人驱逐出了埃及并建立了新王朝。

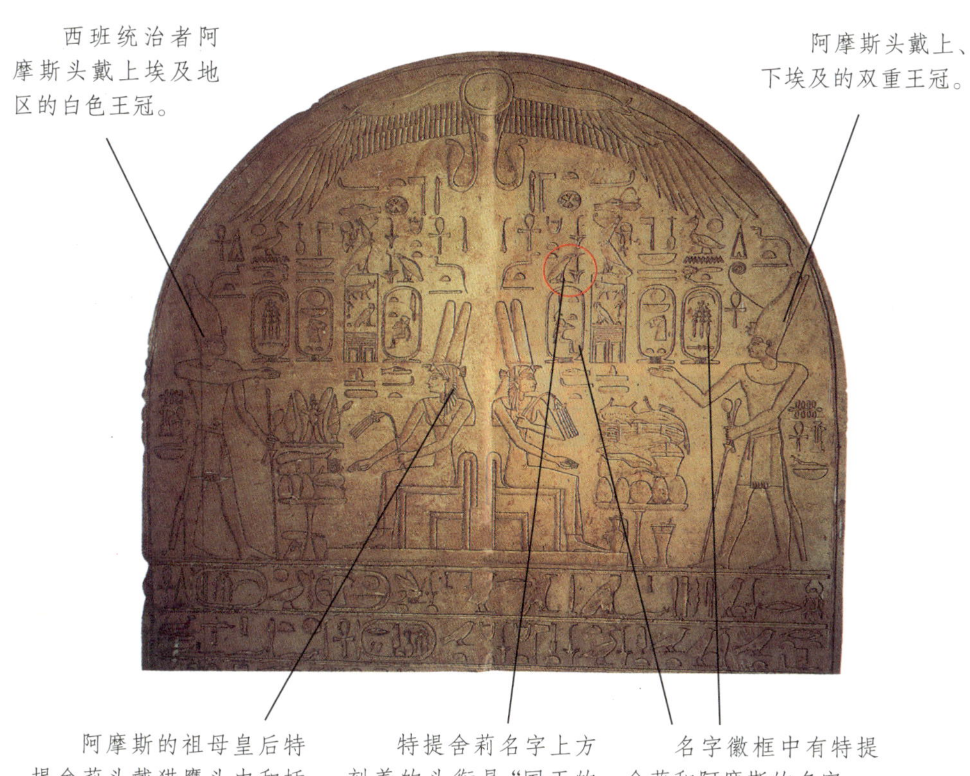

▲ **埃及的解放**

阿摩斯是第十八王朝的缔造者，他将西克索人从埃及驱逐了出去。他为祖母特提舍莉（Tetisheri）制造了这块石碑。这块石碑立在阿比多斯一座供奉其祖母的小礼堂之中。石板上的铭文显示出阿摩斯特别要给予其祖母荣誉，因为她在其丈夫塔阿二世的统治时期扮演了非常重要的政治角色。

历史与社会

第十三王朝开始于公元前1795年

▲ 法老的灵魂

第十三王朝遗留的法老赫一世（Hor I）的木质雕像含有一部分人类的灵魂，埃及人称其为“Ka”。这座雕像是由雅克·德·摩根于1896年在位于达舒尔的国王古墓中发现的。这座雕像位于阿蒙涅姆赫特三世的金字塔区域。这是已知的唯一一座法老灵魂雕像。

► 索贝霍特普四世（Sobekhotep IV）

第十三王朝多位法老名字都是“索贝克是仁慈的”。鳄鱼神索贝克是法尤姆地区最重要的神灵。首都伊特塔威就位于这个地区。

公元前1795年　公元前1780年　公元前1760年　公元前1750年

第十四王朝（三角洲地区）

第十四王朝

中古时代末期/第二过渡时期国王们

◄ 威格夫辉塔威拉（Wegaf Khuitawyra）是第十三王朝的首位国王。他的王衔名字是“拉保护着两块土地”。他是一位军事首领，其统治大约持续了一年。有4座他的纪念碑保存至今。

► 什克赫姆拉辉塔威（Sekhemrakhuitawy）是第十三王朝的第三位国王。根据《都灵皇室教规》（Turin Royal Canon）所载，他统治了6年。他统治时期的一座纪念碑上的几块石块被保存下来。他的名字还刻在了第二大瀑布地区的努比亚的尤龙纳尔提（Uronarti）要塞封印上。

◄ 赫一世（阿维布拉）（Hor I（Awibra））被认为是第十三王朝的第十四位国王。他命令修缮位于达舒尔的阿蒙涅姆赫特三世金字塔。赫的古墓位于阿蒙涅姆赫特三世金字塔地区内部。他的墓葬器具保存完好。

◄ 肯杰尔（Khendjer）是第十三王朝的第十七位国王，统治了约6年。统治时期跟他差不多的国王们很少有金字塔。他在萨卡拉建造了一座金字塔和一座墓葬神庙。黑色花岗岩小金字塔上面刻有国王的名字。这座小金字塔的碎片被重新组装还原。

▼ 与别国的关系

刻有西克索时期国王名字徽框的几个古埃及物品在赫梯族（Hittites）首都哈图撒斯（Hattusas，今天的波哈兹科依）被发现。这证明了双方的贸易和政治往来。

元前1735年　公元前1725年　公元前1695年

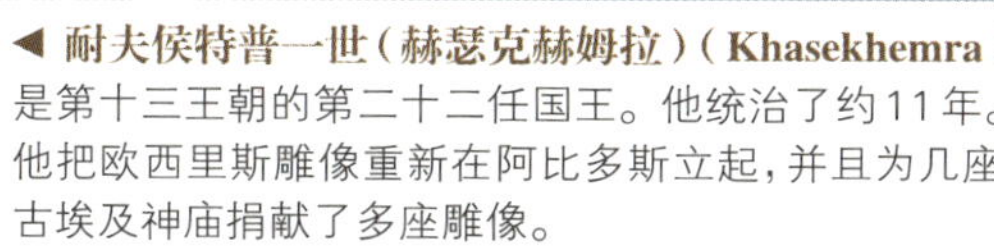

◀ 耐夫侯特普一世（赫瑟克赫姆拉）（Khasekhemra） 是第十三王朝的第二十二任国王。他统治了约11年。他把欧西里斯雕像重新在阿比多斯立起，并且为几座古埃及神庙捐献了多座雕像。

▶ 索贝霍特普四世（哈奈弗尔拉）（Sobekhotep IV（Khaneferra）） 是第十三王朝最重要的国王。他统治了约8年。他率军进攻努比亚，与近东展开往来，并在很多神庙中立起了他自己的雕像。

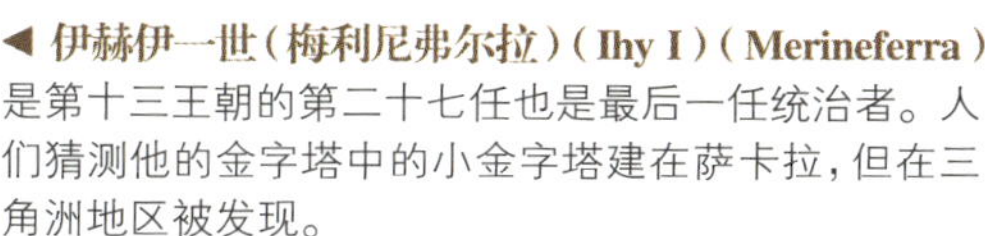

◀ 伊赫伊一世（梅利尼弗尔拉）（Ihy I）（Merineferra） 是第十三王朝的第二十七任也是最后一任统治者。人们猜测他的金字塔中的小金字塔建在萨卡拉，但在三角洲地区被发现。

▲ **皇家财富**

在第十七王朝末期，西班国王们开始重新掌权。他们重新获得的财富规模能够通过他们的墓葬器具展示出来，就像因特夫一世的这顶带有皇家蛇形标志的王冠。

▲ **第二过渡时期的埃及**

在整个第二过渡时期，中古时期的大多数重要城市都保持着原貌。然而，三角洲地区由于西克索皇室居住在阿瓦利斯而日显重要。

◀ **圣甲虫雕像**

在所有地中海国家发现了大量刻有圣甲虫的雕像。这表明埃及在中古时期和第二过渡时期与其他国家有了往来。第十三到第十七王朝时期的很多封印上都刻有国王的名字。

公元前1660年 **公元前1630年**

◀ **梅利尤瑟拉雅克伯－赫尔（Meriuserra Jaqob–her）**也许是第十五王朝西克索国王之一。他的名字被发现在埃及很多的圣甲虫雕像上，甚至在异族的克尔玛和巴勒斯坦地区也发现了刻有他名字的圣甲虫雕像，这暗示着埃及与这几个地区都有贸易往来。

▶ **基安（瑟尤瑟尔恩拉）［Khyan（Seuserenra）］**是第十五王朝最卓越的国王之一。在埃及和国外发现了几座写有他名字的纪念碑，例如，在巴格达发现的一座狮子卧像和在上埃及盖博拉发现的花岗岩石。

◀ **阿纳特–赫尔 赫卡–哈斯威（Anat–her Heka–khasw）**是第十六王朝的一位国王。他是西克索的一位王侯。他可能是在巴勒斯坦地区而非埃及进行统治的。他的名字只出现在一个圣甲虫雕像上。

▶ **因特夫七世（瑟克赫姆拉－赫尔威赫尔玛特）［Intef VII（Sekhemra–Herwhermaat）］**是第十七王朝的第十二任国王，在底比斯进行统治。他的统治时期也许非常短。他的王衔名字是“强大的拉神对于玛特很满意”。圣人棺木在当时很流行。他的圣人棺木被发现后存放在巴黎卢浮宫。

◀ 第二过渡时期的石板

抄写员索贝霍特普墓碑四面都经过了雕刻。上面刻有第十七王朝索贝克沙夫二世什克赫姆拉瑟瓦德伊塔威（Sobekemsaf II Sekhemrasewadjtawy）的两个名字徽框。

◀ 特提舍莉雕像

新的研究表明，这座存于伦敦大英博物馆的雕像是赝品。真品的底部现存于开罗埃及博物馆。上面的铭文被复制。

公元前1610年	公元前1600年	公元前1590年	公元前1560年	公元前1555年	公元前1550年

第十六王朝（小西克索统治者）

第十五王朝（西克索）

第十七王朝（位于底比斯）

◀ 塔阿二世（Taa II）是第十七王朝的第十四位国王。根据一本纸草文献记载，他与当时的西克索国王阿波比进行了战斗。他必须向阿波比进贡。通过他的木乃伊上的伤痕可以判断他倒在战斗中。他的棺木发现在代尔艾尔巴哈利。

◀ 卡莫斯（Kamose）是第十七王朝的最后一位国王。他继续了父亲发起的针对西克索的战役。他的战争报告写在卡纳克的两块石碑上。

阿波比一世（Apepi I）是第十五王朝最重要的国王。他33年的统治记录在《兰德数学纸莎草书》上。在他统治期间，居住在三角洲地区的西克索国王与居住在底比斯的埃及本地国王们之间的争吵不断。

第二过渡时期结束于公元前1550年。在这一年，第十八王朝的统治者们重新获得对整个国家的控制，并且建立了新王朝。

西克索人

西克索人是从叙利亚和巴勒斯坦地区来到埃及的定居者。他们在埃及第二过渡时期（公元前1650—公元前1550年）的政治真空时期获取埃及政权。

在接近第十二王朝（公元前1985—公元前1795年）末期的时候，很多来自叙利亚和巴勒斯坦地区的移民进入埃及，定居在东三角洲地区的阿瓦利斯周围。尽管这些移民被当地的埃及人贬称为西克索人（意思是异族土地的统治者），在接下来的100年中，这些移民逐渐融入埃及社会。在同一时期内，埃及的中央集权渐渐瓦解，有超过70位统治者在埃及不同的地方宣布对埃及的统治权。

我们并不清楚西克索人是否以武力夺取了三角洲地带，成为三角洲地区的多数族群，但是在公元前1650年左右，他们在首府阿瓦利斯控制了下埃及地区。他们从那里将权力扩展到孟菲斯，又进一步扩展到中埃及地区。同时，在埃及南部，埃及第十七王朝的国王们在底比斯统治着上埃及地区。

西班国王们尽管强烈地反对外族统治，但是由于他们的军事力量非常薄弱，同时西克索人和努比亚人形成的联盟使他们在北部和南部双面受敌。非同寻常的外交事件点燃了战争的火种。

▲ **西克索圣甲虫雕像**

西克索统治者在圣甲虫雕像上的名字是我们了解其历史最为重要的资源之一。左边的圣甲虫雕像上刻有尼卡拉（Nikare）铭文，他是第十六王朝时期（公元前1650—公元前1550年）的一位小西克索国王。右边的圣甲虫雕像上是与第十六王朝处于同时期的第十五王朝的一位国王基安（Khyan）（大约公元前1600年）的铭文。

法老斯芬克司像身上的鬃毛替代了传统中用于装饰斯芬克司像的内梅斯头饰。

法老的名字发生了变化。继任法老将前任法老的名字去掉，刻上自己的名字。

▲ **斯芬克司狮身人面像**

在塔尼斯（Tanis）发现的阿蒙涅姆赫特三世（公元前1855—公元前1808 年）斯芬克司像几乎完全是一头狮子的形象，这是强大权力的象征。

▲ **阿摩斯一世雕像**

阿摩斯（公元前1550—公元前1525年）是新王朝的缔造者和首位法老。他是西班统治者塔阿二世（大约公元前1560 年）的儿子和卡莫斯（公元前1555—公元前1550 年）的兄弟。他的父亲和兄弟都与西克索进行了战争。阿摩斯一世完成了对西克索的征服，夺取了西克索的首府阿瓦利斯并最终将他们驱逐出埃及。

▼ **近东游牧民族**

“西克索”是埃及赫卡哈斯威特（heka Khaswt）的希腊语，意思是“异族土地的统治者”。

◀ **卡莫斯长矛**

这个矛头上刻有西班国王卡莫斯（公元前1555—公元前1550 年）的名字，是从其母亲那赫特普一世（公元前1590—公元前1530年）的古墓中发现的。现保存于牛津阿什莫林博物馆。

西克索王朝（Hyksos）国王阿波比一世（大约公元前1555年）给西班统治者塔阿二世（大约公元前1560年）写信要求他废除捕杀河马的风俗，因为河马是西克索的主要神灵，塞特的尘世化身。西班拒绝了这一要求，于是战争爆发了。战争的具体细节我们无从知晓，但是塔阿二世的木乃伊显示他的头骨被一个亚洲战斧砍过。他的儿子卡莫斯（公元前1555—公元前1550年）继续战斗，并且在努比亚射手的帮助下将阿波比一世打回了阿瓦利斯，但并没有攻下这座城邦。卡莫斯的兄弟阿摩斯最终驱逐了西克索并创建了第十八王朝（公元前1550—公元前1295年）和新王朝。

“懦弱的亚洲人，你的心脏越来越微弱了！看啊，我将从你的葡萄藤上取酒来喝。我俘获的亚洲人将为我挤出美酒”。

▲ **卡莫斯的斧头刀刃**

这把武器同样是在卡莫斯母亲的古墓中发现的。上面刻有卡莫斯的名字。现保存在伦敦大英博物馆内。

“让我们将埃及的城邦分裂开来，这样我们两个国家将欢呼雀跃”。

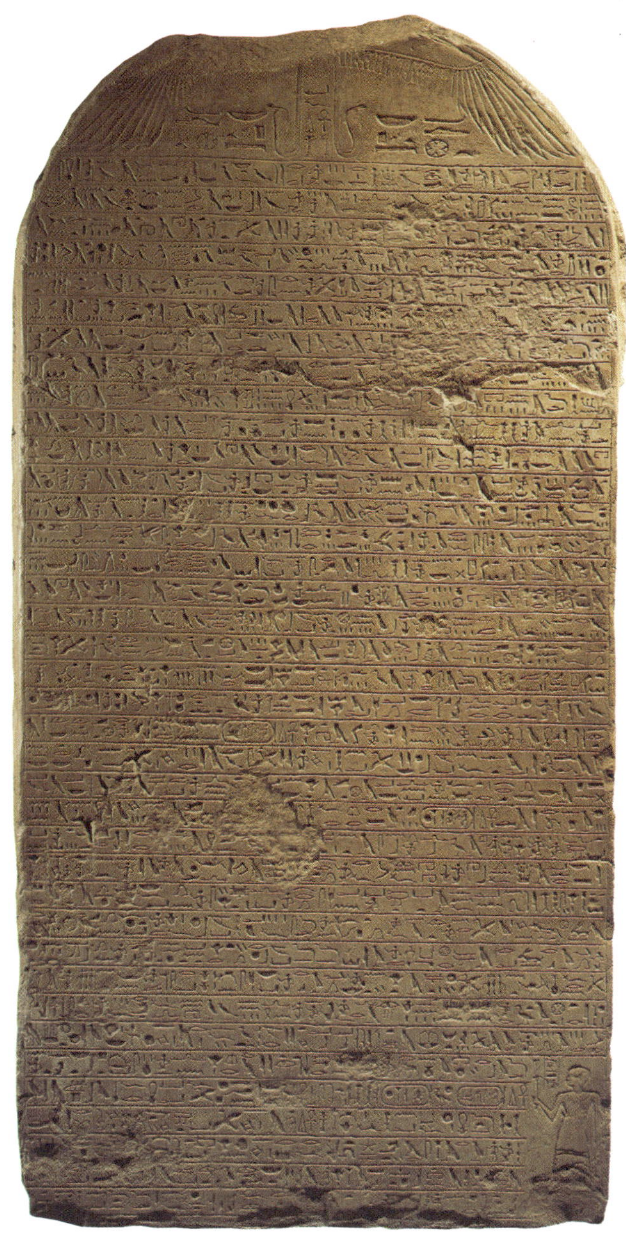

▲ 卡莫斯石板

这块卡莫斯石板于1954年发现于卡纳克神庙，它揭示了卡莫斯打败西克索国王阿波比一世的故事，同时还记述了后来阿波比给努比亚统治者库什（Kush）写信，请他攻打卡莫斯的事情。传信人被卡莫斯的军队截获了。由于得知对手的计划，卡莫斯才能够对其进行先发制人的打击。

新王朝

在新王朝时期出现了很多著名的法老,如拉姆西斯二世。这一时期是古埃及历史上最后一段辉煌时期。

▲ 幸运事件

图坦卡蒙(公元前1336—公元前1327年)的黄金面具是新王朝迄今为止保存最为完好的财宝之一。在大约公元前1140年,工人们正在挖掘拉姆西斯六世(公元前1143—公元前1136年)的古墓。他们将碎片放在图坦卡蒙古墓的上方,将古墓和入口都隐藏了起来。结果这座古墓躲过了20年后开始疯狂扫荡国王谷(Valley of the Kings)的盗墓者的劫掠。

第十八王朝(公元前1550—公元前1295年)的西班统治者将西克索国王们——从公元前1650年左右起就控制了埃及的巴勒斯坦入侵者——驱逐出去后,新王朝开始了。继任的法老们,包括图特摩斯一世(Thutmose)(公元前1540—公元前1492年)和他的孙子图特摩斯三世(公元前1479—公元前1425年)将埃及的边界进行了扩展,北至叙利亚,南至上努比亚(今苏丹)尼罗河的第四大瀑布地区。

这些征服为埃及赢得了许多贡品,积累了大量财富。同时埃及也吸纳了很多外来的思想,受到了外来的影响。结果新王朝的法老们、贵族和统治阶级都拥有了前所未有的奢华而精致的生活。

黄金时代

阿蒙霍特普三世(公元前1390—公元前1352年)统治时期是第十八王朝的黄金时代。他成为法老时继承了一个和平的王朝和一个复杂的世界性宫廷。利用埃及的繁荣优势,他着手通过建造奢侈纪念碑的方式增加王朝的光彩。

然而，最为臭名昭著的法老是他的儿子阿肯纳顿（Akhenaten）（公元前1352—公元前1336年）。阿肯纳顿企图扫除旧的宗教秩序，并以阿顿（Aten）作为唯一的神灵敬拜。传统信仰在少年国王图坦卡蒙（公元前1336—公元前1327年）统治时期内得以恢复。他是新王朝时期最为著名的统治者，但是对于他我们却知之甚少。图坦卡蒙的盛名是由于考古学家在他的古墓中发现了惊人的财宝。

第十九王朝的统治者是另外一位杰出的法老拉姆西斯二世大帝。他因3件事情而闻名：在卡叠什战役打败了赫梯人、在位时间和统治时期建造的纪念碑的数量相等。

► **激进的法老**

这座小雕像描述了第十八王朝的法老阿肯纳顿进贡的场景。他是新王朝时期最为激进的一位法老。他通过提升神灵阿顿的地位，将其作为埃及唯一的神灵而“改革”了埃及的宗教。他在阿玛尔纳建立了新都城，并且发展了一个新的艺术风格。饱满的双唇、蛇形的眼睛和圆滚滚的身体是这位统治者的典型写照。在有些雕像中这些面部特征被大大夸张了。

▼ **国王谷**

从图特摩斯一世起，埃及法老们被安葬在底比斯西部群山脚下的一片沙漠中。在这里，视觉壮观、结构不牢的古老金字塔被切入岩石的墓葬所代替。一队监控官员把守着这个地点和里面的财宝。

▲ **异族的入侵**

在第十王朝时期，埃及抵御了海洋之人（Sea Peoples）的入侵。这些人是来自爱琴海岛屿和现代土耳其南部海岸地区（下图所示）的移民。他们受到了拉姆西斯三世（公元前1184—公元前1153年）的沉重打击。但是在后面的法老统治中，异族入侵，特别是利比亚人的入侵就变得很普遍了，标志着埃及作为强国的衰落。

► 附庸国王

新王朝的法老们在近东地区发动了很多次的军事打击，并入了几个城邦和国家。这尊雕像刻画了叙利亚一座城邦国的国王伊德利米（Idrimi）的形象，他与图特摩斯一世同时期在位。

▼ 权力中心卡纳克

阿蒙－拉是新王朝时期的一位卓越的神灵。在这一时期卡纳克有一座供奉他的神庙。一大部分战时的战利品，包括奴隶、动物、珍贵物品都源源不断地充实了神庙的宝藏。结果，阿蒙的祭司们获得了无可比拟的巨大财富，这使他们拥有了巨大的权力和政治影响。

新王朝（公元前1550—公元前1069年）

工匠和盗墓贼

公元前1153年拉姆西斯三世死后，继任的无能君主们使埃及逐渐进入了经济崩溃、社会衰退的漫长阶段。行贿颇为盛行。西班大墓地的财宝被洗劫一空，腐败的官员们却视而不见。

几部纸草文献，包括《艾伯特纸草书》（Papyus Abbott）和《阿姆赫斯特–李奥帕德二世纸草书》（Papyrus Amherst-Leopold II）都记载了在拉姆西斯九世（公元前1126—公元前1108年）统治时期对西班大墓地古墓的掠夺之风进行的一项法律调查。这些“盗墓贼纸草文献”描绘了一张社会衰退的细致图画。当时，连底比斯西区的市长帕威尔阿（Paweraa）这样的高级官员都从对他辖区内墓葬的偷盗中获取了巨大利益。两位来自德尔麦迪纳的抄写员将所发生的事情告诉了帕威尔阿的对手——底比斯东区的市长帕瑟尔（Paser）。帕瑟尔公开指责了盗窃法老墓的官员们的所作所为。他还派了他的维齐尔哈伊姆瓦斯特（Khaemwaset）去对法律调查进行监督。

◄ **拉姆西斯六世的古墓**

当埃及在新王朝末期失去了它的王权和资源之时，腐败随着对古墓和神庙的猖獗劫掠而盛行开来。盗墓贼们没有放过国王谷的大墓葬，如拉姆西斯六世（公元前1143—公元前1136年）的古墓。英格兰的利物浦博物馆收藏的一部纸草文献列出了盗墓贼们从这一座古墓就偷出了重达50千克（110磅）的青铜和铜质的物品。

调查发现，几个盗墓帮派已经系统地对底比斯西岸的皇家和私人古墓进行了至少3年的劫掠。他们审问的一个盗贼供认曾有一次在偷盗中被当场抓获，但是他们用偷盗来的财宝贿赂了抓住他们的抄写员而获得了自由。

▶ **拉姆西斯九世**

从拉姆西斯四世到拉姆西斯九世，埃及经历了一系列无能法老的统治。他们没有意愿也没有权力使国家及其制度井然有序。拉姆西斯九世是这一时期仅有的统治超过10年的两位统治者之一。他对于盗墓贼的打击大部分都不奏效。

▼ **不安全的避难所**

新王朝初期，在墓葬神庙旁边修建法老古墓的风俗渐渐消退了。底比斯西部偏僻的多岩石沙漠中的一处地方成为皇家墓葬地，这就是国王谷。仅这一处的无边财富就对盗墓贼们形成了难以抗拒的吸引力。

官员们视察了位于德拉阿布纳加的10座第十一王朝和第十七王朝的古墓，只找到一座很明显遭到了偷盗的古墓。这座古墓的主人是第十七王朝的一位法老索贝克沙夫二世（公元前1650—公元前1550年）和他妻子的古墓。在那个时期，国王谷仍然保卫森严，但是调查官员发现的却是不同的情况：很多古墓已遭盗窃。

系统的盗窃

盗墓活动还在继续。国王谷很多的古墓在这个时期已经被洗劫一空。有新的证据表明，官员们不仅对这些盗墓活动视而不见，而且事实上还参与组织盗墓。早期法老古墓中的财宝被不断用来填充已经枯竭的国库。

在拉姆西斯九世（公元前1099—公元前1069年）统治期间，新王朝陷入内战和混乱，对西班皇室和私人墓葬的掠夺也异常猖獗。这些盗墓活动都是由阿蒙的高级祭司们一手策划的。他们借整修墓葬为名洗劫了这些西班古墓。很多皇室木乃伊身上的金子被掠走，裹尸布被藏起。一个多世纪后，它们被运到德尔巴利，安放在一位高级祭司皮内杰姆（Pinedjem）的家族墓葬中，而他自己就曾是一名盗墓贼。

◀ **一位利比亚战俘**

拉姆西斯九世统治时期面临着政权瓦解和造墓工人起义等很多问题。除此之外，他在其统治的第八到第十五年间还要抗击利比亚人对于埃及的侵略袭击。图中所示的这种雕像是战斗宣传的一部分，目的是为了使埃及人民放心，他们的法老仍在控制局势。盗墓贼可能利用这些混乱来掩饰他们的活动。

知识窗

古墓320——皇室木乃伊的藏身之所

1871年，一对拉索尔兄弟在底比斯对面的尼罗河西岸德尔巴利的一处陡峭岩石侧面发现了一个入口被堵上了的隧道。他们打开了隧道（右图），开始挖掘。在13米（43英尺）深的地方发现了一条长70米（230英尺）通向山坡的走廊。那里叠放着几十口盛放国王和其他贵族木乃伊的棺木，还有很多墓葬装备。这些木乃伊是在第二十王朝末期由高级祭司运送至此的，目的是保护这些木乃伊的安全以防它们被洗劫一空。

拉索尔兄弟开始默默地兜售从这座古墓找到的物品。他们贩卖多年后，埃及古迹部门（Egyptian Antiquities Service）在当时主管加斯顿·马斯佩罗（Gaston Maspero）的领导下才得知真相。1881年，马斯佩罗命令他的助理艾米·布鲁格施（Emi Brugsch）尽快将这座古墓清除干净。这时，谣言在附近一座名为科纳（Qurna）的小村庄的居民中间开始传播。这些居民在法老时期贵族的古墓上方盖了很多房子，谣言说古迹部门发现了大量金银财宝和珍贵宝石。马斯佩罗感到事态严重了。

在短短两个小时内，图特摩斯二世（公元前1479—公元前1425 年）和拉姆西斯二世（公元前1279—公元前1213 年）等国王的棺木和木乃伊被从狭窄的隧道中运出并移送到开罗博物馆。多年来，古墓320也被称做“隐藏处所”，被填满碎石和松散的岩石。埃及古代文物学者埃哈德·格拉夫（Erhard Graefe）在1998年将其重新开启，首次对其进行了科学检查。

新王朝（公元前1550—公元前1069年）

图特摩斯一世

新王朝（公元前1550—公元前1069年）的第三位法老图特摩斯一世（Thutmose I）将埃及的影响扩展到近东的幼发拉底河及南部的努比亚地区。

图特摩斯一世（公元前1504—公元前1492年）的登基发生在非同寻常的环境中。法老阿蒙霍特普一世没有男性后裔。其法老之位并不是由一位皇室血统之人继承，而是由军事首领图特摩斯继承。图特摩斯出身卑微。但似乎是为了使其统治合法，他娶了阿摩斯公主为妻。阿摩斯公主可能就是前任法老的女儿。

图特摩斯的成就

尽管图特摩斯的统治时间比较短，但是他在外交政策方面的成就却相当令人瞩目。他继承了一个组织完善的军队，安抚了努比亚，将埃及的南部边界划定在第三大瀑布地区。他的雄心壮志是征服亚洲，并且使埃及成为当时最重要的大国。他抵达了幼发拉底河沿岸，成功地对抗了埃及的持剑敌人米坦尼人。他成为新王朝时期首位控制了近东这一地区的法老。

◀ **受托特庇佑之人**

图特摩斯的出生姓名的意思是"托特出生了"，将国王置于书写和知识之神的保护之下。托特经常被刻画成此图中所示的狒狒的形象。

▼ 勇士国王

图特摩斯继续着其先人的扩张政策。他率军攻打努比亚和近东地区，成为首位抵达幼发拉底河并在叙利亚建立埃及统治的埃及法老。

▶ 出生名字和王衔

一位法老5个名字中的两个写在名字徽框中。图特摩斯的出身姓名由神圣的朱鹭代表，而下方的王位名字的意思是“拉灵魂的展示是伟大的”（Great is the manifestation of the ka of Ra）。

▼ 图特摩斯的前任——阿蒙霍特普一世

阿蒙霍特普一世（公元前1525—公元前1504年）是第十八王朝的第二位国王。他没有男性后裔，结果王位传给了军事首领图特摩斯。

在国内，图特摩斯精心修建并扩建了位于卡纳克的神庙群，建造了一个有列柱的礼堂，里面还有两个宏伟的塔门（仪式通路），塔门前还立着两座方尖石塔。

国王谷的古墓

法老还指示其建筑师艾纳尼（Ineni）为他在底比斯建造一座古墓，这是新王朝时期首座建在国王谷大墓地的古墓。图特摩斯的木乃伊后来被移到另外一座古墓中，也许就是在德尔巴利发现的隐藏之所的众多古墓中的一个。在他去世之时，将王位传给了法老一位妾室所生的儿子图特摩斯二世。

◀ **哈赛普苏**

这位女王是图特摩斯原配妻子阿摩斯所生的女儿。她嫁给了自己的同父异母兄弟图特摩斯二世，并在其死后成为他的儿子和继任者图特摩斯三世的摄政者。然而，不久后她便被加冕为埃及法老，并统治了埃及20年。

▲ **被征服的人们**

图特摩斯一世将埃及的力量拓展到南部的努比亚，控制了当地的努比亚人。如图中所示，努比亚人身着传统服饰。图特摩斯还控制了北部的叙利亚－巴勒斯坦人。这些军事进攻的目的是控制如铜、银、油、木材等原材料和买卖奴隶的贸易线路。

▲ **圣甲虫封印**

以圣甲虫形式制造的封印一般用图形和铭文来装饰。有时被用来鉴定官文。图中所示的封印中含有图特摩斯一世的名字徽框，里面刻有他的王位名字，侧面还有两个猎鹰头，上方有一只长着一对翅膀的圣甲虫。

► **卡纳克的方尖石塔**

在图特摩斯一世统治时期，他命令建筑师艾纳尼修缮并扩建在卡纳克的阿蒙神庙。结果两个塔门后面又建造了一座巨大的有石柱的宫殿。塔门前立着两座方尖石塔，其中的一座保留至今。属于他的女儿哈赛普苏（Hatshepsut）的方尖石塔（右图）立在属于图特摩斯的石塔的北边。

新王朝(公元前1550—公元前1069年)

女法老哈赛普苏

在古埃及3 000年的令人惊叹的统治中只出现了3位女法老,其中最为著名的是哈赛普苏,她通过摄政,从公元前1473—公元前1458年统治着埃及。

▲ **最高荣誉**

在图特摩斯三世统治的第七年,当他还是一个未成年人时,哈赛普苏加冕为法老。在刻画她的图案中,她没有穿着一位伟大皇室妻子的服饰,而是具有法老的男子特征:头戴上、下埃及双重王冠,戴着编成辫子的假胡子,在她腰带上戴着象征权力的动物尾巴和皇室缠腰布。

哈赛普苏和她的丈夫,同时也是她同父异母的兄弟图特摩斯二世(公元前1492—公元前1479年)有一个女儿,但没有儿子。所以当图特摩斯死后,法老的头衔就要被他一个妾室艾西斯(Isis)的儿子所继承。但是这个图特摩斯三世还只是一个婴儿,因此哈赛普苏就成为她侄子,也是妹夫的摄政者。

选择一位女性来担任这样的角色并不奇怪。其他的王后作为国王的女儿、姐妹和妻子在她们儿子还小的时候也都担任了摄政者。然而,在哈赛普苏担任摄政王期间,有迹象显示她打算让自己成为埃及土地上的首位女法老。

她经常被刻画成一位频频给予其男性亲属优先权的女性。但是在图特摩斯三世统治的第七年(公元前1473 年),哈赛普苏接管了埃及王冠,并开始被绘制成一位男性。她至此小心地聚集着权力,特别是努力赢得例如森姆特(Senmut)这样贵族的支持。森姆特是阿蒙的大祭司,也许还是女王的情人。

红色王冠是
下埃及的象征。

着色的脸部和眼
睛使雕像栩栩如生。

▶ **安详的女王**

这个头像是由碎片还原出来的。它是一座发现于位于德尔巴利的哈赛普苏神庙第三露台的大雕像的一部分。大大的眼睛和恬淡的微笑使这座雕像比著名的奈费尔提蒂半身像少了一丝傲慢的气质。

女王戴着象征
王权的假胡子。

▼ **哈赛普苏斯芬克司像**

斯芬克司是狮身人面像，将统治者刻画为神灵。图中美丽的脸庞为哈赛普苏的脸，但是她并没有戴着熟悉的内梅斯头饰，而是顶着厚厚的鬃毛。

为了使其夺取政权合法化，哈赛普苏更新了出生和加冕仪式。她声称国王是众神之子，是他们在尘世的代表。她还建立起了一套主张神圣诞生的碑铭。尽管如此图特摩斯三世仍是埃及理论上的统治者。在他统治埃及的15年中，埃及还有一位摄政者。

成功和继任

这是一段繁荣的时期。女王在这期间兴起了众多建筑项目，其中包括一个供奉阿蒙的卡纳克神庙和她自己位于德尔巴利华丽的墓葬神庙中进行的大规模建设项目。

哈赛普苏死后，图特摩斯三世已经准备好扮演国王的角色，于是他接管了统治权。在他单独执政期间，哈赛普苏女王刻在纪念碑上的大部分名字和形象都锤平了。最近的调查显示，这些名字和形象在女王死后没有马上被破坏，而是在约20年后，也就是图特摩斯统治的第四十二年开始被破坏的。这一事实与一个被广泛接受的观念相冲突。这一观念认为复仇心切的国王会立即兑现自己对女王的仇恨，而事实上，复仇活动几十年之后才付诸实施。

男性服装

下图所示浮雕刻在哈赛普苏在卡纳克建起的两座宏伟的方尖石塔中的一个上面。浮雕中所描绘的女王穿着貌似一位男性法老，和阿蒙–拉神站在一起。

◀ **女王的侄子——图特摩斯三世**

人们通常断言，女王一定是把图特摩斯三世藏在宫中，但事实上，在她所有地下纪念碑上都绘制了她的联合统治者的形象，目的是将他和她非常重要的政府行为联系在一起。图特摩斯（左图右部，在一个临近哈赛普苏墓葬神庙的神殿中发现的猎鹰头的赫鲁斯神）从很小就被训练行使权力，在他姑妈统治的最后几年被任命为军队的首领。

阿蒙-拉由于头部很有特点的帽子而易于辨认。这顶帽子上插有两支羽毛。

女王戴着上埃及地区的白色王冠。

哈赛普苏的男性形象是通过她身上的服饰、男性躯体和假胡子表现出来的。

法老的右手握着权杖，这是皇权的象征，用来杀死国王的敌人。

知识窗

庞特

对庞特的和平考察是女王的一项浩大工程。这一事件后来在德尔巴利神庙的第二层露台的墙壁上有着详细记述。埃及人知道南部这片富饶的土地的存在已经有几个世纪了。最初埃及人认为这是一片寓言和传奇生长的土地，居住者是深色肤色的种族。然而在哈赛普苏启动这场雄心壮志的远征前，埃及和庞特竟然有300年没有贸易往来。

这次考察始于红海上的一处港口，航行了1000千米（600英里）后抵达了庞特海岸。埃及人受到了庞特国王和他骑在驴身上的、身材硕大的王后的热烈欢迎。埃及人在庞特发现很多村庄都有用芦苇建在支柱上的小屋，进出用梯子。他们还发现庞特人主要种植的是棕榈树和没药树。王后的代理人用项链、珠子、雕像和武器通过“安静的贸易”（双方交换物品时无人讲话）来换取金子、黑檀木和熏香树。

在返回底比斯时，考察队受到了凯旋般的迎接。在下埃及鼎盛时期，埃及与庞特的贸易通过河运和海运继续发展。庞特（“神圣的土地”）也牢牢地铭刻在了埃及人的想象中。上面的这幅画是由19世纪才华横溢的法国探险家艾米尔·普利斯·达文尼斯（Emile Prisse d’Avennes）在德尔巴利的一处浮雕上所绘，上面描绘的是一位庞特贸易者的形象。尽管现在人们达成一致认为庞特位于今天的厄立特里亚南部，历史学家们对于这块半神秘的土地究竟在何处仍争论不休。

新王朝（公元前1550—公元前1069年）

图特摩斯三世

图特摩斯三世磕磕绊绊地开始了统治。他的政治光环在他的姑妈和摄政者哈赛普苏的参政下显得黯然失色。图特摩斯三世（公元前1479—公元前1425年）长期并且非常成功的统治表现在他作为军队头领所取得的巨大成绩上。

图特摩斯三世统治时期是埃及历史上最为辉煌的时期之一。他继续拓展埃及的边界，成绩令埃及其他的统治者都望尘莫及。他被埃及古物学者詹姆斯·布雷斯特德（James Breasted）称为“埃及的拿破仑”。然而，在他统治进入第20个年头，他才成为埃及唯一的统治者。

▲ 刻有名字的名字徽框

图特摩斯三世和第十八王朝（公元前1550—公元前1295年）其他3位国王的出生名字相同，意思是“托特出生了”。在那个时代，国王的名字由神的名字组成是很正常的。在图特摩斯的名字徽框中还刻有组成法老头衔的象形文字，意思是“赫里奥波利斯的统治者”。

摄政者和女王

图特摩斯三世是图特摩斯二世（公元前1492—公元前1479年）和一位妾室阿塞特（Aset）所生之子。当图特摩斯二世去世时，他还只是个孩子。图特摩斯二世的正房妻子哈赛普苏便成为摄政者。在公元前1473年左右，她加冕法老头衔，成为埃及的统治者，直到公元前1458年去世。而后，图特摩斯三世要求行使其继承权，开始组织对中东地区的首次军事战役，目的是从米坦尼手中重新赢得对李文特（Levant）的控制。米坦尼是一个以美索不达米亚和叙利亚为基地的战国。与此同时，图特摩斯三世着手为了自己的利益而将哈赛普苏的名字和图片从纪念碑上抹去。

▶ 被抹去形象和名字

哈赛普苏死后不久，法老便开始将她的名字和形象从纪念碑上抹去的系统工程。这并不是因为图特摩斯三世的个人仇恨或满足其复仇之心，而是为了重新建立自然秩序，还因为一位女性竟然能够担任法老而感到愤怒。

图特摩斯三世雕像显示出统治者安宁平和的面容，有着一个征服者气定神闲的表情。

蛇形标志、内梅斯头巾和方形假胡子都显示出这座黑色花岗岩坐像中图特摩斯三世的皇家地位。

图特摩斯带扣上的名字徽框中刻有其王位名字蒙克赫波拉（Menkheperra）。

◀ 伟大的建造者

这尊图特摩斯三世的坐像现存放在开罗的埃及博物馆，被发现位于卡纳克的神庙中。图特摩斯三世当时在卡纳克负责建立方尖石碑，建造节日礼堂，铺设圣湖。作为法老，图特摩斯三世在埃及和努比亚建立了很多新的纪念碑。

叙利亚一座城邦卡叠什的王子非常有权势，他与米坦尼其他诸侯领地内的总督和统治者形成联盟。图特摩斯三世在哈赛普苏去世前就几乎对军队拥有了完全的控制。他在公元前1457年于梅吉杜（Meggido）战役中遇到了联盟军队的强力威胁。一次袭击战击退了联盟军，幸存者退守到了梅吉杜这座四面有防护墙的城邦，但是最终在图特摩斯军队7个月的围攻下而缴械投降。

胜利的法老缴获了卡叠什王子的全部财产。很多起义的总督在这场战役后也宣布忠诚于图特摩斯三世。他们得以保留官位，但必须向埃及进贡。图特摩斯三世又进行了15场战役才最终控制了这一地区。埃及军队在公元前1446年长驱直入幼发拉底河地区的米坦尼。因为没有进行决定性的战役，所以这一地区进入了长达20年的和平时期。

图特摩斯三世不仅以他建立帝国的活动而著称。在其统治末期，他建造了很多神庙，包括在托德、梅达姆德和艾尔曼特的神庙，还有在卡纳克的著名节日礼堂。在他位于德尔巴利哈赛普苏神庙附近的墓葬神庙中没留下什么东西。但是他的古墓却由于类似于写有字迹的纸草纸装饰而闻名。这座古墓是国王谷最为宏大的墓葬。

◀ **红色小礼堂**

哈赛普苏在卡纳克建造了一座供奉阿蒙的神殿。这座神殿由石英岩建造，今天作为红色小礼堂而为人所知。和所有她在埃及的纪念碑一样，神殿中的铭文和浮雕都将年轻的图特摩斯三世放置在她敬拜诸神的仪式之中。在哈赛普苏去世之时，整个工程还没有完成，图特摩斯三世最终将它完成。浮雕显示国王跪坐在阿蒙－拉前方，阿蒙－拉将一顶蓝色王冠戴在了国王的头上。

◀ **最后的战役**

在图特摩斯三世统治末期，他率领军队来到努比亚镇压了一次起义，缴获很多战俘。

▲ **南部边界**

在图特摩斯三世统治时期，埃及的影响拓展到了努比亚地区的第四大瀑布，在那里建造了很多泥砖圣殿作为石头神庙。

▶ **家族类同之处**

图特摩斯三世有些女性化，有些孩子气的面部特征与他的姑妈哈赛普苏非常相像，因此有时很难将他们区分开。

新王朝（公元前1550—公元前1069年）

阿肯纳顿的宗教改革

阿蒙在埃及的最高神灵地位持续了几个世纪。他的祭司享受了独特的权力和特别待遇。然而，阿肯纳顿（公元前1352—公元前1336年）改革了宗教生活，采用了阿顿教。

阿顿（Aten）代表太阳神。他作为太阳圆盘最初出现在赫里奥波利斯，也就是已知最早的太阳神庙所在地。在新王朝时期（公元前1550—公元前1069年），敬拜阿顿的风俗日益兴盛。阿顿神最初被刻画成一个喷射出无数光线，就好像伸展出无数手臂的圆盘是在阿蒙霍特普二世（公元前1427—公元前1400年）统治时期，但最终是阿蒙霍特普三世（公元前1390—公元前1352年）在受妻子提伊（Tiy）（大约公元前1410—公元前1340年）影响后普及了阿顿，将他作为一位主要神灵。

◀ **提伊，国王的母亲**

阿蒙霍特普三世（公元前1390—公元前1352年）的第一位妻子，王后提伊（大约公元前1410—公元前1340年）对于她的丈夫和儿子阿肯纳顿有着很大的影响。她在阿克塔顿（Akhetaten）统治的第十二年来到了他的都城，可能在那里还有自己的宫殿。这座木制头像存放在柏林的埃及博物馆内。头像展示出了她强势而富于表情的脸。

他的儿子阿蒙霍特普四世(阿肯纳顿),由于其宗教信仰和想要打破阿蒙祭司们的权力的欲望而继续将阿顿推广为埃及的唯一神灵。没有了国王的支持,阿蒙神教的重要性和影响力越来越小,最终在埃及被禁止了。

▲ **改名字**

阿蒙霍特普四世(“阿蒙很满意”)在他统治的第五年将名字改为阿肯纳顿,并在名字徽框中刻上了阿顿的名字。

▼ **阿顿,唯一的神**

阿肯纳顿只允许敬拜阿顿神。他被刻画为一个太阳圆盘。圆盘中射出的光线最终汇集在握有象征生命的T形十字章和象征权力的节杖的手中。

太阳光线用它们的手触碰了国王及其贡品,并授予他T形十字章和节杖。

法老阿肯纳顿头戴蓝色赫普拉什(Khepresh)王冠,手中拿着纸莎草花献给阿顿神。

▲ **开放式屋顶**

由于阿顿是作为太阳圆盘被敬拜的，神庙的屋顶被建造为向天开放，这样阿顿的太阳光线才能够毫无障碍地到达献祭神坛。这些神庙没有黑暗的神殿，而有很多户外庭院。这幅浮雕展示出一个神庙入口和两个神坛。

在阿蒙霍特普四世统治的第五年里，他将名字改为阿肯纳顿并建立了名为阿克塔顿的都城，意思是“太阳圆盘的地平线”。这座都城就是今天的代尔艾尔阿玛尔纳（Tel el-Amarna）。他在这里建造了两座供奉阿顿的神庙。神庙有一个开阔的庭院，里面装满了供奉的桌子和神坛。阿肯纳顿和王后奈费尔提蒂（Nefertiti）主持户外祭拜仪式。仪式中的食品、饮品和花都摆放在供奉桌上。同时还有音乐伴着祷告和圣歌仪式，对太阳进行着赞颂。

为了确认他本人和阿顿神之间的神圣联系，法老将神灵的名字刻在了一个与他自己的名字徽框很像的徽框中，并且宣布太阳圆盘是一位天上的法老，而他自己是阿顿的尘世代表。阿肯纳顿作为阿顿的最高祭司，成为往来于人神间的唯一的中间人。

阿蒙的回归

然而，这场宗教改革只在阿肯纳顿统治期间持续了下来。在他死后，埃及又转回敬拜阿蒙。阿克塔顿城被荒弃，同时也开始了对于一切与法老阿肯纳顿和他的阿顿神有关的形象和名字的破坏和丑化。

阿肯纳顿的外交政策

在阿蒙霍普特三世（公元前1390—公元前1352年）统治时期，埃及与邻国和平相处，国家继续繁荣。然而，他的儿子及继任者阿肯纳顿似乎对外交政策和国家事务毫无兴趣。他认为，因为有太阳神阿顿，所有人都是善良、慷慨和和平的。但他的这一观点并不被埃及的诸侯城邦和盟国所接受，因为他们发现自己越来越受到邻国的威胁。

在1887年于阿克塔顿废墟中发现的著名文献储藏处里的阿玛尔纳书信中还有埃及和巴比伦尼亚、亚述，以及叙利亚–巴勒斯坦诸侯城邦的书信往来。信中详细阐明了盟国的关切。这些书信是以当时的外交语言巴比伦尼亚语的楔形文字写在黏土写字板上的。

书信包含巴比伦王子的恳求。他不断地受到叙利亚沙漠贝都因的袭击；信中有米坦尼国王图什拉塔（Tushratta）（大约公元前1360年）请求埃及派遣部队帮助他们抵抗赫梯族的攻击；有亚述国王阿苏鲁巴利特一世（Ashuruballit I）（公元前1365—公元前1330年）和巴比伦布纳布利阿什二世（Burnaburiash II）（公元前1360—公元前1333年）的抱怨，也有他们传统礼物黄金的数量和质量。赫梯国王苏皮卢利乌马斯一世（Suppiluliumas I）（公元前1380—公元前1346年）一步步地吞并了受到埃及保护的小王国。在10年时间内，埃及王国的边界缩减到只有尼罗河谷地区。

▼ **西亚敌人**

阿肯纳顿对于外交政策和埃及盟友毫无兴趣。然而，在阿克塔顿宫殿地板的绘图中，他却展现了被打败并被活捉的亚洲敌人，比如说被绑住的战俘的形象。国王每天就在这些形象上走来走去，把他们踩在脚下。

▼ **皇室宗脉**

阿肯纳顿和奈费尔提蒂育有6个女儿，但没有男性子嗣能够继承王位。在他死后，很多的皇室亲属都分别获得王权统治了一小段时间，直到前朝将军霍伦海布接管政权，结束了王朝继承。

梅利塔顿将鲜花和水果递给丈夫。

拉长的头部是阿玛尔纳艺术的一个主要特征。

斯门克卡拉的年轻妻子梅利塔顿是阿肯纳顿和奈费尔提蒂的女儿，并且是她父亲的前妻。

透明的长袍暗示着图画的性爱背景。

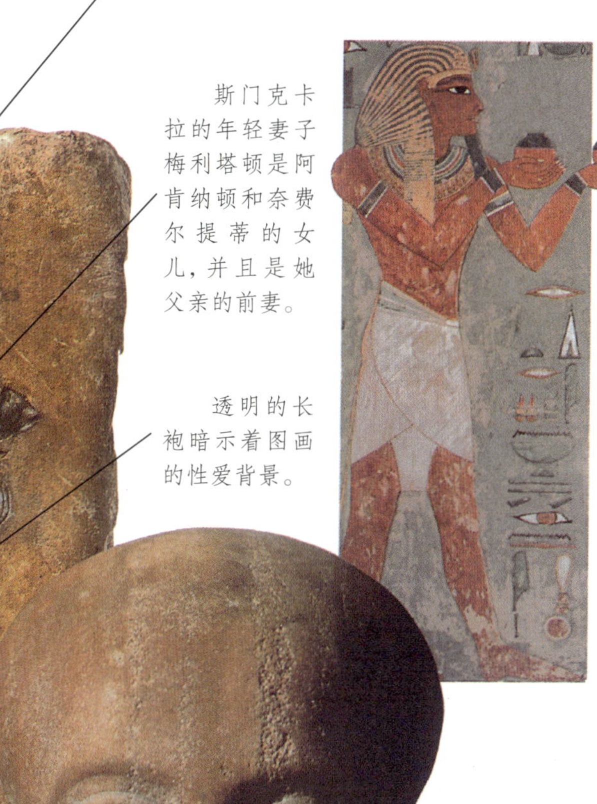

▲ **小国王图坦卡蒙**

阿肯纳顿和另一个妻子琪雅（Kiya）（大约公元前1350 年）的儿子娶了阿肯纳顿和奈费尔提蒂的一个女儿安赫森纳蒙（Ankhesenamun）。他在8岁时继承了王位。

◀ **霍伦海布国王**

帕特纳姆赫布（Paatenemheb）将军是法老阿肯纳顿和图坦卡蒙统治时期的军队首领。他作为霍伦海布（公元前1323—公元前1295年）接掌了王位，并开始拆除供奉阿顿的神庙。

◀ **一个女儿的角色**

这可能是梅利塔顿（大约公元前1350年）的半身像。梅利塔顿接管了使王朝继续的艰难任务。在她的母亲奈费尔提蒂消失后，她成为她父亲阿肯纳顿的官方正房妻子。在父亲死后，她嫁给了其继任者，她在斯门克卡拉去世前不久过世。斯门克卡拉的统治仅仅持续了两年。

阿肯纳顿的继任者们

在他去世前，阿肯纳顿任命斯门克卡拉（Smenkhkara）（公元前1338—公元前1336年）为其联合摄政者。下图的浮雕可能显示的是斯门克卡拉和妻子梅利塔顿（Meritaten）的形象。对于他的出身我们不得而知，甚至他两年统治的起止时间也没有确切的记载。

斯门克卡拉也许是阿肯纳顿和他的一位妾室所生的儿子。这使他成为他的继任者图坦卡蒙（公元前1336—公元前1327年）的一位兄弟。年长的朝臣阿伊（Ay）（公元前1327—公元前1323年）也许是阿肯纳顿的叔叔，他在图坦卡蒙死后接掌了政权并且娶了阿肯纳顿的一个女儿为妻。第十八王朝的最后一位统治者霍伦海布（公元前1323—公元前1295年）没有任何的家族联系。

▲ **一位阿玛尔纳公主**

通过头部的形状和大股头发能够辨认出这是阿肯纳顿和奈费尔提蒂的一个女儿。她在赞颂阿顿光线的祝福。

新王朝（公元前1550—公元前1069年）

奈费尔提蒂——权力与美丽

奈费尔提蒂超凡脱俗的美貌就如同她的性格一样始终是个谜，出土的诸多壁画、雕塑都显示出她在埃及人的政治、宗教生活中扮演着重要角色。

奈费尔提蒂是法老阿肯纳顿的正房妻子。她今天最为人所知的是她的传奇美貌。她同时还拥有至高无上的权力。婚后，她积极参与国家事务，发挥了巨大的政治影响力，因此在描绘她的艺术作品中，她经常戴着一顶法老王冠。

对于奈费尔提蒂的早期生活我们知之甚少，历史学家认为她是阿伊的女儿。阿伊是法老的一位亲戚，也是法老的重要官员之一。对于她的政治活动我们几乎一无所知，但有一点毫无疑问——她拥有巨大的权力。

▼ 阿玛尔纳风格

在阿克塔顿和奈费尔提蒂生活的阿克塔顿宫殿的墙上和地面上雕刻有许多装饰性的画面。这些以新的艺术风格手法雕刻的画面描绘了宫廷日常生活的场面，如同画中的这两位公主。

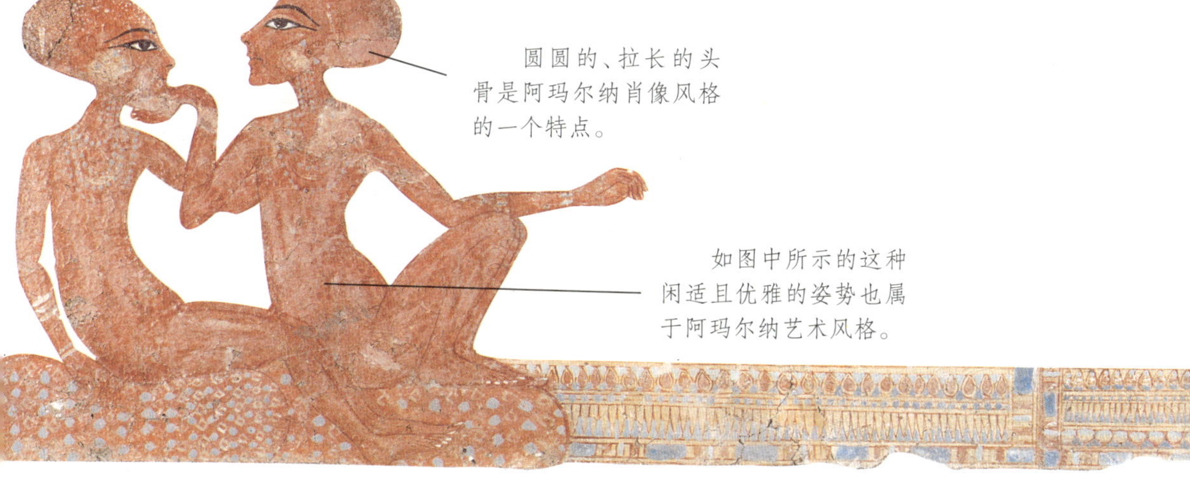

圆圆的、拉长的头骨是阿玛尔纳肖像风格的一个特点。

如图中所示的这种闲适且优雅的姿势也属于阿玛尔纳艺术风格。

▶ **帝王美人**

当代作家将奈费尔提蒂描绘为“具有无限魅力的贵族女性”，并且“十全十美”。毫无疑问，她的绝世美貌在宫廷掀起了巨大风浪。艺术家以多种形式表达了对她的敬意。

▼ **阿克塔顿大墓地**

在法老阿蒙霍特普四世统治的第五年，也就是公元前1348年，法老通过更名为阿肯纳顿（ 根据太阳神阿顿的名字所改）而进行了宗教改革。他命令在一个非常重要的天文基线地区建造一座新都城——阿克塔顿，意思是阿顿的地平线。今天，这个地区名为代尔艾尔阿玛尔纳。这幅照片展示的是这座城市的大墓地。在这里发现了25座古墓，其中一座是埋着阿肯纳顿石棺碎片的皇室墓葬。奈费尔提蒂的古墓从没被发现。

在艺术作品中奈费尔提蒂经常从一处皇宫阳台向官员们分发礼品，或者是站在一驾战车上挥着权杖刺杀敌人。

这些权力的象征传统上都只属于法老，但是在阿肯纳顿统治时期内，很多传统都被颠覆了。奈费尔提蒂甚至在宗教仪式上与她的丈夫并排站在一起。她的权力和绝世的美貌使她终生都被人们作为首府阿肯纳顿的母亲女神和保护女神来崇敬。

终极权力

在公元前1340年左右，奈费尔提蒂似乎消失了。她也许死去了，或者被阿肯纳顿另一个妻子所取代了。但是另外一种可能是她在阿肯纳顿统治的最后时期把名字改为阿蒙克卡拉（Amenkhkara），并与法老联合摄政，然后在阿肯纳顿于公元前1336年死去后成为法老。旧秩序在图坦卡蒙（公元前1336—公元前1327年）统治时期内被恢复，阿克塔顿被很快荒弃，前朝供奉的诸神也被恢复敬拜。奈费尔提蒂的名誉和其丈夫的名誉已同时遭受了诋毁。

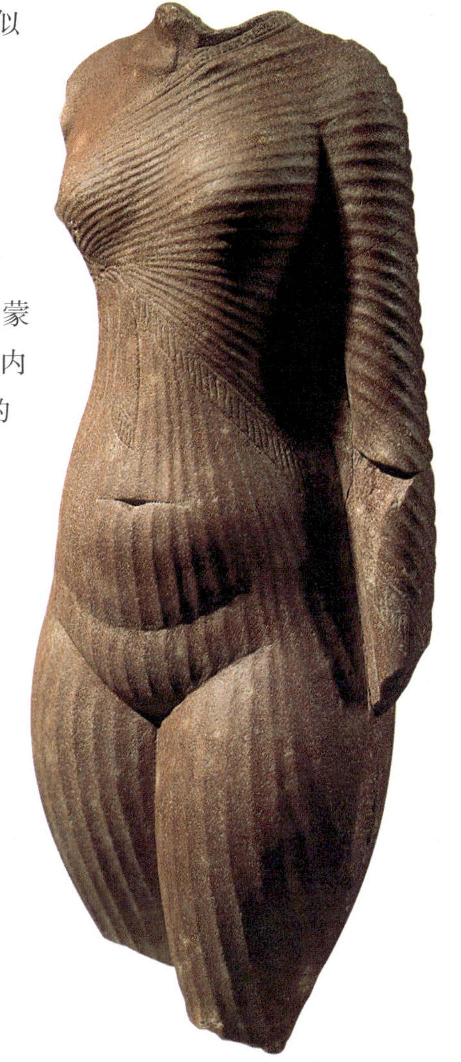

▶ **时尚的奈费尔提蒂**

奈费尔提蒂在浮雕和雕像中常常穿着那个时代的流行服饰。这个阿肯纳顿时期的雕像展现了一位女性——奈费尔提蒂或她的某个女儿——身穿当时的典型长袍。这件长袍是由类似薄纱那么薄的打了很多褶皱的亚麻制作的。

尽管雕塑者可能在褶皱中运用了艺术元素，这件长袍还是用来炫耀，而不是隐藏穿着者的身体。

这件简单的长袍外披了一个披肩，披肩在胸下系住。出席皇宫正式宴会时，披肩也可作为头巾。

太阳神阿顿

阿顿经常以一个太阳圆盘的形象出现，阳光普照大地。他在阿玛尔纳时期被作为唯一的神灵而敬拜，而古埃及的所有其他神灵都被排除在外。

阿顿的赐福照耀着皇族。下部的一些光线握有象征生命和活力的T形十字章。

法老阿肯纳顿被展现为一个憔悴的、雌雄同体的程式化形象。

脚垫为穿着凉鞋的法老提供舒适。

奈费尔提蒂的女儿们被刻画成小尺寸的成年人。这对皇室夫妻育有6个女儿，没有儿子。

框架的中楣由刻成纸莎草根部的圆柱组成。纸莎草是下埃及的纹章类植物。

新王朝（公元前1550—公元前1069年）

图坦卡蒙

1922年，图坦卡蒙的墓葬被打开，从此他名满天下，而其实在那之前，图坦卡蒙是埃及最名不见经传的法老之一。

图坦卡蒙（公元前1336—公元前1327年）统治时期处于阿玛尔纳时代末期。在阿玛尔纳时代，阿肯纳顿建立了一个崭新的异端宗教来供奉和敬拜太阳神阿顿，他还建造了一座名为阿肯纳顿的都城。图坦卡蒙出生于此，他的母亲很可能是阿肯纳顿的一位名叫琪雅的妾室。

转折时期

阿肯纳顿死于公元前1336年。在更不为所知的斯门克卡拉短暂地统治之后，一个9岁的孩子成为国王。这个孩子那时叫做图坦卡顿（Tutankhaten）。但是在他统治的第二年，他和他的妻子，阿肯纳顿的三女儿，为了反映阿蒙祭司的复兴的权力而更名为图坦卡蒙和安赫森纳蒙。尽管如此，他的继任者们由于他受到了阿玛尔纳异教的感染而将他的名字从国王名录中删除了。当图坦卡蒙还是个孩子时，这个国家由朝臣们以他的名义来统治。

◀ **法老的父亲?**

人们普遍认为阿肯纳顿（左图）是图坦卡蒙的父亲。但是一些铭文显示，阿蒙霍特普三世才是他真正的父亲。小国王是阿肯纳顿的弟弟。

◀ 回归传统

在图坦卡蒙统治的第二年，他正式废除了阿玛尔纳时代的创新。阿顿被废止，人们重新敬拜阿蒙，阿蒙重新被视为埃及位列最高的神灵。很多如图中所示的雕像都以小国王的名义奉献给阿蒙－拉。

图坦卡蒙的脸部是阿蒙神的脸。

阿蒙手摆放的位置象征着国王的神圣保护。

这座法老小雕像受到阿蒙的保护。

▲ 改名字

赫尔莫波利斯的阿顿神庙的一处铭文上首次提到改名过程。他当时叫做图坦卡顿，意思是“阿顿活着的形象”（见上面的名字徽框）。后来，他更名为图坦卡蒙，意思是“阿蒙活着的形象，南赫里奥波利斯的统治者”（见下面的名字徽框）。

▲ 年龄尚小，不能统治

因为年龄太小，图坦卡蒙没有实权。小国王是活着的神，是国家和宗教有名无实的领袖，而埃及的日常事务都由他的维齐尔艾（Ay）管理。他是霍伦海布（两人后来都成为法老）时期的大将军，并掌管财务。

埃及真正的掌权者是下面几位：法老的首席维奇尔，“神之父”阿伊，他曾辅佐过阿肯纳顿；大将军霍伦海布；财务官玛雅（Maya）；努比亚总督胡依（Huy）；另一位军人纳克特敏（Nakhtmin）；还有两位维齐尔，名叫尤斯蒙斯（Usemonth）和彭特予（Pentju）。

摄政王们抛弃了在阿玛尔纳的新都城，将政权中心移回至孟菲斯。他们重新开启并且恢复了曾被阿肯纳顿关闭的供奉埃及传统诸神的神庙。底比斯重新被确定为埃及的宗教中心。阿蒙–拉神也恢复了从前的地位，成为众神之首。

战争——弑君者

我们并不知道图坦卡蒙统治的细节。一些古墓场景显示出法老是一位军事将领，尽管他极不可能参加过战斗。但是在他统治期间，霍伦海布曾在叙利亚进攻了赫梯人，并且打了几场胜仗。赫梯人曾因为阿肯纳顿明显对外交政策不感兴趣而夺取了这一地区的很多领地。

► **继任者**

国王的秘书阿伊是王位背后的真正掌权人。在图坦卡蒙死去后，阿伊娶了法老的遗孀并自己登基当上了国王。阿伊曾是阿肯纳顿的一位朝廷重臣。在他的古墓中发现的这块石板（右图）展示了阿伊和两位仆人。他们拉长的头部是典型的阿玛尔纳风格。

▼ **图坦卡蒙纪念碑**

少年国王在卢克索神庙留下了自己的印记。他负责装修阿蒙霍特普三世修建的围绕在大柱廊周围的宫廷城墙。浮雕展示了奥帕特节（Opet Festival）的场景。他还为卡纳克建造了一座美丽的雪花石膏斯芬克司像。

图坦卡蒙的死有许多令人不解之谜，正如他的生活一样有很多疑团。他死于18岁，可能死于谋杀，木乃伊头骨显示出头部有可能受伤。他被仓促地埋葬在一座并不是为他而挖掘的小古墓中，尽管墓中有大量财宝，但都不是在他入殓时放入墓中的，这些都使谜团更加迷雾重重。

◀ **大将军**

作为军队统领，霍伦海布是在图坦卡蒙宫廷中除阿伊之外最有影响力的人。这幅古墓浮雕显示他因战斗胜利被戴上金项链的场景。他作为法老统治了公元前1323—公元前1295年间的埃及，并见证了埃及秩序的恢复。

知识窗

被埋葬的财宝

图坦卡蒙的名字已经从国王名录中被抹去，并且没有出现在任何已发现的阿玛尔纳遗址。但是在20世纪初期，刻有他名字的物品不断地出现在古董店里。

在1917年，考古学家霍华德·卡特（Howard Carter）开始寻找位于国王谷的这位无名法老的古墓，因为早在1907年，在一处深坑中已经发现了图坦卡蒙墓葬遗存物。卡特发誓如果需要的话，他要将国王谷墓葬挖掘到岩床。他的努力终于在1922年11月4日得到了回报。挖掘工人发现了一个通往一座古墓的楼梯。这座古墓中有一个装满碎石的走廊和4个堆满了墓葬用品的小墓室。

宝藏包括一座国王镀金像（右图），用金、银、象牙和经过雕琢的珍贵宝石做成的家具和珠宝，还有一些日常用品。卡特得出结论：盗贼在古墓挖掘后不久就造访了这座古墓，不过好在没有对古墓造成太大损害。当工人们在岩石上挖掘拉姆西斯六世（公元前1143—公元前1136年）的古墓时在旁边的古墓入口处堆上了挖下的岩石，这样一来便有效地保护了墓葬，使它没有受到进一步的掠夺。

新王朝（公元前1550—公元前1069年）

霍伦海布法老

在阿玛尔纳时代末期没有皇室王子能够继承王位。大将军霍伦海布（公元前1323—公元前1295年）接掌了王位。他当时已经是位于国王阿伊之下埃及事实上的统治者了。

对于第十八王朝（公元前1550—公元前1295 年）最后一位法老霍伦海布的背景，除了知道他来自埃拉克雷奥波利斯外，我们知之甚少。尽管我们知道他的妻子姆特奈德梅特（Mutnedjmet）很可能是奈费尔提蒂的妹妹，但还不知道他父母的名字。如果一些埃及古物学家的观点是对的，霍伦海布和军官帕特纳姆赫布是一样的话，那么，他的军旅生涯应该开始于阿肯纳顿（公元前1352—公元前1336年）时期，以霍伦海布的身份出现在图坦卡蒙（公元前1336—公元前1327年）统治时期，并被任命为国王的代理人。

军人和政客

霍伦海布领导军事远征加强了埃及受到赫梯威胁的边界，并且陪同图坦卡蒙征战巴勒斯坦。通过军事战役和精明的对外政策，霍伦海布成功地打击了赫梯人在埃及的影响力。在图坦卡蒙和阿伊（公元前1327—公元前1323年）死后，由于他们没有男性继承人，霍伦海布自己登上了王位。

▶ 名字徽框

霍伦海布改用不同的名字因其信仰不同的神灵。在左边的名字徽框中，他的名字是“拉的展示和选择是神圣的”；在右边的名字徽框中，他的名字是“霍伦海布，阿蒙之爱”。

▲ **军人霍伦海布**

霍伦海布是“两个国家君主军队的伟大将领”。也许他在阿肯纳顿统治时期的身份是这样，但可以肯定的是他在图坦卡蒙统治时期一定是一位伟大的将军。这幅在萨卡拉霍伦海布古墓发现的浮雕展示了一辆战车和一队士兵。在他统治时期，霍伦海布的周围都是曾帮助他从一位将军升级为法老的军事将领们。他将非常重要的祭司要职交与这些军人，这使他牢牢控制了强大的阿蒙祭司职位。

► **在阿蒙的统治下**

霍伦海布继续了图坦卡蒙对于阿玛尔纳时期建立起的旧秩序的恢复。他重新引入了古老的宗教，特别是阿蒙神教，以此来证明他是一个建立玛特女神（世界秩序）的真正法老。

阿蒙的祭司们一定很乐于见到霍伦海布掌握政权，因为在他继承王位后不久，他的法老头衔就在卡纳克的奥帕特节上得到了阿蒙的批准。

在一对雕像后面展示着霍伦海布和他妻子的形象的加冕礼铭文表明他受到了赫鲁斯的保护，并且得到了阿蒙的批准。铭文进一步表明霍伦海布重新修制了被损坏的旧神灵的雕像，并且将失修的神庙进行了重建。对于阿蒙神教，“他从军队精英中为它们挑选提供了侍奉神灵的仆人和读经的祭司”。从卡纳克一块石板上刻有的一部法令上看出，他又一次确认了要恢复旧秩序。

第二座古墓

在继承王位之后，霍伦海布直接在国王谷建造了一座古墓，废弃了他早前在孟菲斯建的一座古墓。霍伦海布的古墓墓室用《门之书》（*Book of Gates*）中的场景来装饰。这是这些场景第一次用来装饰皇家古墓的墓室。霍伦海布指任职业将军帕拉梅西斯（ Parameses ）为他的继承人。后者在公元前1295年作为拉姆西斯一世（公元前1295—公元前1294年）掌权。

▶ 卡纳克的阿顿浮雕

霍伦海布是否真的结束了阿玛尔纳时期我们无从考证，但反传统主义在他死后开始了。霍伦海布确实拆除了位于卡纳克的波尔 - 阿顿神庙，然后用波尔 - 阿顿神庙的石块在阿蒙神庙建造了一座塔门。因此，这些石块上的阿玛尔纳时期浮雕被完好地保存了下来。

▼ 军事战役

作为一名将军，霍伦海布在图坦卡蒙统治时期就领导了几次军事战役。俘获的战俘的形象出现在他位于萨卡拉的古墓中。浮雕显示近东和赫梯的男男女女们戴着手铐，由埃及守卫引领着。手铐用绳子拴在了战俘的脖子上，这样他们就无法移动双臂和手。

▼ 霍伦海布的洞穴神庙

当上法老后，霍伦海布接管了很多他前任的建筑，将它们扩建或重建。例如，他扩建了位于卡纳克的阿蒙神庙，并且扩大了工人们在德尔麦迪纳地区居住地的规模。在底比斯之外，他在吉伯尔艾西尔斯拉建立起了一座洞穴神庙。这座神庙用来供奉西班3位神灵——阿蒙、姆特和孔斯（Khons），同时也献给索贝克（Sobek）、塔沃里特（Taweret）和他自己。

霍伦海布身着高级官员典型的褶皱亚麻长袍，他让人将自己的形象绘制在供桌前。

霍伦海布手持高官的长杆和权杖，但通过后来加上的蛇形标志我们能够确定他的法老身份。

站在架子上的贝努鸟被认为是死者的保护者，并且是拉神的灵魂。

站在贝努鸟后面拜神的人是图中唯一没有蛇形标志的人。

新王朝（公元前1550—公元前1069年）

拉姆西斯大帝

拉姆西斯二世法老是最伟大的埃及国王之一。他在埃及政治经济强势时期统治了埃及66年。

拉姆西斯二世是第十九王朝的第三位法老，从公元前1279—公元前1213年统治埃及。他的雕像和木乃伊显示了他是一个英俊有威严的男子。他身高6英尺，而当时埃及人的平均身高刚过5英尺。

他在很多方面都是一个传奇人物。当时大部分人的寿命只有几十年，而他死时八十多岁。他还生育了很多孩子——官方记录显示，他儿子女儿加起来超过100人，而这些孩子还只是他"正式"婚姻所生的孩子。

▼ **建造者——拉姆西斯大帝**

在登基即位后，每一位法老都会建造一系列建筑。然而，拉姆西斯大帝是所有法老中最伟大的建造者，无人可比。他位于底比斯的墓葬神庙的拉姆西斯神殿就像一座大城市。在这里，一个巨大的拉姆西斯二世花岗岩头像摆放在4个巨大的石柱前面。这些石柱上雕刻有欧里西斯神的形象。

▲ 王衔

拉姆西斯的王衔User-Maat-Ra（“拉的正义是强大的”）的象形文字刻在这个椭圆形的名字徽框中。以后的许多国王都为自己取了他的本名——拉姆西斯。

在蓝色赫普拉什（蓝色王冠）上的眼镜蛇是一个蛇形标志，是太阳神拉燃烧的眼睛。国王和神灵们戴着它，作为他们生命和死亡的象征。

法老右手所持的钩状物，或者说王杖，代表欧西里斯神赋予国王统治国家的王权。

Sema-Tawi纹章徽章代表着上、下埃及的统一。缠绕在一起的莲花和纸莎草分别代表了上、下埃及。

► 拉姆西斯二世和权力

这尊黑色花岗岩雕像塑造了年轻的法老。他头戴一顶类似头盔的皇室头饰，即蓝色王冠。他手中握着象征政权的钩子。法老代表了皇权。雕像基座上刻有9张弓，象征着被埃及击垮的9个敌人。

这里展示的是拉姆西斯二世的王后纳弗尔塔利（Nefertari）的形象。在另外一面刻有他的一个儿子的形象。

▶ **武士拉姆西斯**

意大利埃及古物学家伊波利托·罗塞里尼（Ippolito Rosellini）（1800—1843）在阿布辛贝大神庙中获取了这幅浮雕。浮雕显示了坐在战车中的法老，战车旁边伴有一个被驯服的猎豹。

他有8位妻子（其中至少有两位是他的女儿），但是他最宠爱的妻子纳弗尔塔利是最为人所熟知的。拉姆西斯在阿布辛贝（Abu Simbel）为纳弗尔塔利建造了一座宏伟的神殿，还在王后谷为她建造了一座装饰华丽的古墓，这是埃及最漂亮的古墓之一。

武士、政治家和建筑者

从青年时代起，拉姆西斯二世在战场上就展示出了过人的才能。在他长期的统治中发生了几次军事战役，最著名的战役就是在叙利亚抗击赫梯族的卡叠什战役。这场战役促成了当时两个最强大国家之间首个和平协议的签署。

在拉姆西斯二世统治期间，埃及的经济繁荣起来，与中东和爱琴海岛屿的商人们有着密切的贸易往来。外国人纷纷移民定居在此，将外国词语融入了古埃及语言中。同时埃及人也开始敬拜外国神灵，比如叙利亚的一位神灵巴力。

另外，埃及作为世界强国的地位得到了加强，它的疆土延伸到东部的叙利亚和南部的努比亚。由于埃及国内外的稳定局势，拉姆西斯二世在他统治的倒数第三年开始建造宏伟的建筑来彰显埃及的财富和权力。

他在整个埃及范围内建造了大量的神庙，其中最为著名的是阿布辛贝神庙。位于这里的拉姆西斯石窟墓穴中有4座他本人的巨型雕像。这4座雕像的雕塑方法非常特别，使得4座雕像无论在何种光线条件下都十分显眼。法老还在尼罗河三角洲东部建立了一座新都城，叫做Pi-Ramesse，或称做拉姆西斯之城。根据同期描述，这座城市有着无可比拟的美。

▶ 纳弗尔塔利的名字徽框

在皇室铭牌中，纳弗尔塔利的名字是以“美丽”和“最美丽”的意思出现。名字后面跟着她的头衔——“玛特的挚爱”。玛特是阿蒙神的妻子。

◀ 王后纳弗尔塔利

王后纳弗尔塔利是拉姆西斯二世的正房妻子，也是他最挚爱的妻子。他为她建造了很多建筑，其中就包括在阿布辛贝的小却精致的神殿。

这幅壁画来自纳弗尔塔利位于王后谷装饰美丽的古墓，壁画中的她在玩一种类似于国际象棋的木板游戏。她身着一条白色亚麻长袍。她的头冠代表上埃及的秃鹫女神奈库贝特，她和眼镜蛇女神一样，都是皇权的保护者。

▶ 拉姆西斯二世和纳弗尔塔利的神庙

拉姆西斯二世在下努比亚地区的阿布辛贝建造了两座巨大的岩石神庙。照片左面是拉姆西斯大神庙，大神庙的每一个入口都立着4座国王的巨型雕像。右边小一些的神庙供奉着王后纳弗尔塔利和哈索尔女神。在20世纪60年代，这两座神庙被转移到高地，保护它们不被阿斯旺水坝淹没。

新王朝（公元前1550—公元前1069年）

卡叠什战役

公元前1247年，埃及和赫梯族人在卡叠什城进行了一场大战役。战后双方均声称自己获胜。拉姆西斯二世在很多神庙浮雕和资料上都显示了这场辉煌的胜利。

卡叠什城位于今天的叙利亚地区。人们争夺卡叠什城是因为它战略性的地理位置。它位于幼发拉底河至地中海的贸易通路上。拉姆西斯的父亲塞提一世（Sety I）（公元前1294—公元前1279年）早前就征服了这座城邦。然而他撤出军队后，卡叠什又陷入了埃及的强大对手——赫梯族人的手中。这些来自安纳托利亚（今土耳其）的人控制了叙利亚北部和大部分的中东地区。

在拉姆西斯二世（公元前1279—公元前1213年）统治的第四年，他出发至埃及东北部，夺取了迦南（Canaan）、尤皮（Upi）和阿姆拉（Amurra）3个省份，并决定在来年春天逼近卡叠什。他的2000名士兵被分成了4部分，以4位神灵的名字命名，分别是阿蒙、普拉（Pre）、布塔（Ptah）和塞特。他的军队中还有一个精英部队那阿尔恩（Na'arn），部署在北部的腓尼基海岸。

▶ **拉姆西斯的勇气**

埃及在对这次战役的记载中提到拉姆西斯显示出了"狮子般的勇气"，因为他独自抗击了赫梯游牧部落。

▶ 赫梯士兵

虽然埃及人将这场战争结果描述为埃及大获全胜，但是由于赫梯将军的独创性和赫梯士兵的勇敢，双方都没有占据上风。下面的浮雕（大约公元前90年）展示出赫梯士兵用头盔、矛和盾武装自己。

◀ 一座中东部堡垒

埃及人将他们中东部对手的防御工事描绘成塔状的建筑，必须用弓箭才能攻克。

拉姆西斯二世及其4路部队最终抵达了距离卡叠什很近的奥朗提斯河（Orontes River）。他们在这里抓住了两个贝都因人，他们谎称赫梯人的部队驻扎在很远的地方。拉姆西斯二世陷入了圈套，带领他的阿蒙分队横跨奥朗提斯河去攻城。

赫梯国王姆瓦塔利斯（Muwatallis）带领3.7万名步兵和3 500辆战车越过奥朗提斯河击垮了匆忙赶往前线的普拉分队。姆瓦塔利斯军队随即伏击了阿蒙分队，并击溃了大部分士兵。拉姆西斯二世瞬间四面楚歌，身边只有几个保镖。《潘道尔之歌》（Poem of Pentaur）中的很多故事都告诉我们拉姆西斯二世是如何直面敌人，并且赤手空拳击退赫梯人的。事实上，那阿尔恩精英部队及时赶到了海岸，从背后袭击了赫梯人并救出了拉姆西斯二世。这使得埃及人能够重整塞特和普塔赫分队并北上与残部会合。

埃及士兵带着盾牌、长矛和战斧。

射登（Sherden）雇佣兵们是法老的保镖，可以通过他们所带的圆形盾牌和角状头盔被识别出来。

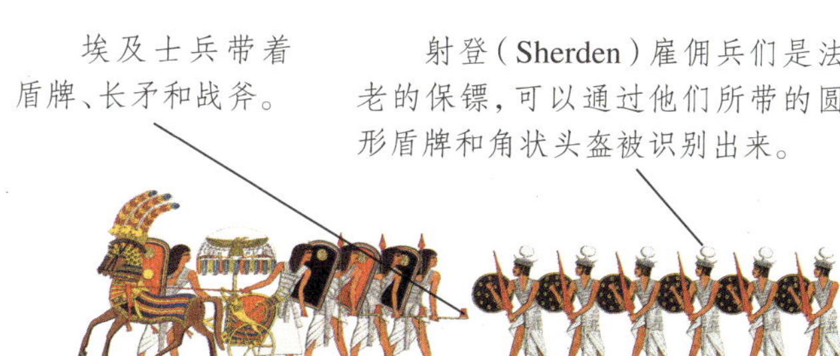

《潘道尔之歌》

这是一幅阿布辛贝神庙中彩色浮雕的复制品。对拉姆西斯二世的赞颂是反映卡叠什战役不同阶段的很多作品的基调。类似作品可以在阿比多斯、卢克索、卡纳克和西底比斯地区的拉姆西斯神庙中见到。大部分作品都展示了拉姆西斯二世用左边训练有素的埃及人和右边未经训练的赫梯人来重击敌人。

战争最后没有任何决定性结果。双方达成了停火协议，埃及人撤回军队返回家园，双方都声称自己获得了战争的胜利。赫梯人很快便重新占领了阿姆拉和尤皮两个省份，只剩下迦南省还被埃及人统治着。尽管如此，拉姆西斯二世自我宣传的本领使得他的“胜”举在他死后仍被人们记取。

15年后，双方签署了和平协议。这是历史可考的首个此类协议。双方联合出兵攻打了对他们构成新威胁的亚述人。拉姆西斯二世通过迎娶赫梯族公主而加强了双方的联盟。这桩婚事在阿布辛贝神庙中的婚礼石碑上有记载。

知识窗

赫梯帝国

赫梯人是印欧人。他们可能源自俄罗斯南部，并于公元前3000年左右移民到安纳托利亚。大部分赫梯人是自由农民和商人，他们生活在城邦联邦内部。这些城邦在公元前16世纪构成了赫梯帝国。他们很快将统治扩展到安纳托利亚，并向南延伸到南部今天的大马士革（Damascus）和东部的底格里斯河（River Tigris）。

在阿肯纳顿（公元前1352—公元前1336年）统治时期，埃及对外政策很弱。赫梯人获得了对南部直到叙利亚和巴勒斯坦地区的控制，并骚扰当地的埃及人。在塞提一世和拉姆西斯二世统治时期，埃及帝国得到了加强，赫梯人的扩张被终结了。赫梯族的优势地位在地中海移民和亚述人的入侵和进攻下结束了。赫梯重要城市哈图萨（Hattusa）（下图所示）距离今天的安卡拉约200千米（124英里）。在国王拉伯纳二世（Laburna II）统治时期，哈图萨是帝国首府。

新王朝（公元前1550—公元前1069年）

海上民族

公元前12世纪，来自爱琴海岛屿和现代土耳其南部海岸地区的一队松散盟军队伍试图袭击埃及，但却遭遇了拉姆西斯三世手下强大精良部队的反击。

海上民族是一个移民联邦，埃及人给他们取名“海上民族”。他们组成一支盟军侵袭并定居于希腊和近东地区。他们第二次袭击埃及之时正值拉姆西斯三世（公元前1184—公元前1153 年）统治时期。这时海上民族很可能已经击垮了赫梯帝国。他们已经摧毁并洗劫了叙利亚–巴勒斯坦的几座沿海城市，并打算使埃及承受同样的命运。拉姆西斯三世反应快速。他集结了全国的军队并向士兵分发皇室军工厂的武器。拉姆西斯三世是一位智慧而富有经验的军事策略家，他带领军队进入巴勒斯坦，在入侵者到达埃及边境前对他们进行了阻击。

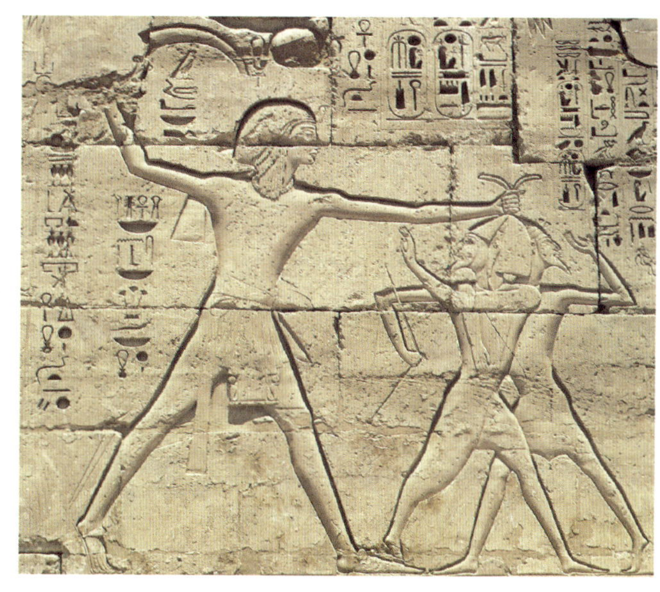

▶ **屠杀战俘**

拉姆西斯三世象征性地抓住战俘的头发，在战俘讨饶之时准备将其杀死。

▲ **麦迪那哈布**

底比斯麦迪那哈布神庙的外墙上装饰着拉姆西斯三世与海上民族进行水陆交战的场面。

► **拉姆西斯三世**

拉姆西斯三世是埃及最后几位伟大法老之一。和拉姆西斯二世一样，他建造了很多神庙。同时他也是一位伟大的军事策略家，这一点可以在他彻底打败海上民族中展示出来。

拉姆西斯三世非常了解海上民族将陆路进攻与海路进攻相结合的策略，并且作好了万全准备。海上民族的行进速度由于携带家眷和财物而受到拖延。他们在陆地上遭到了埃及军队快速而果断的打击。海上民族部署在加萨附近海岸的随行舰队也无法与拉姆西斯三世的军队相比。埃及弓箭手向敌船齐射弓箭，并且将其攻陷。这场激烈的战斗在麦迪那哈布法老神庙的墙壁上得到了展示。埃及军队在陆地上取得胜利后很快也在海上取得了胜利。没有在战斗中死去的敌人则成为战俘，其中很多人后来定居于底比斯，并最终成为一支强大的团体。

▲ 与海上民族海战细节

这幅位于麦迪那哈布神庙中的浮雕是已知的最早记录了这场海战的浮雕。埃及人手拿棍棒、长矛、弓箭和盾牌包围了敌军的舰队，攻陷敌船，对敌人进行了无情打击。这幅浮雕的细节描述了这场无情的海战。

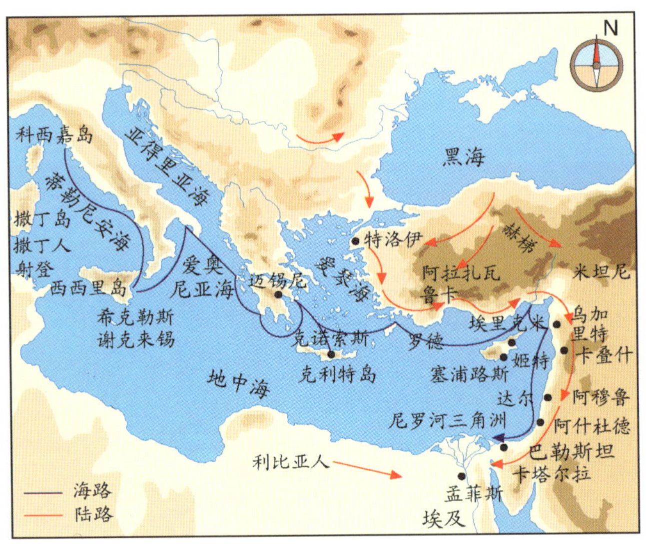

知识窗

利比亚战役

拉姆西斯三世除了击退海上民族的进攻外，还驱逐了威胁埃及西部边境的利比亚游牧民族。一共进行了两场战役，第一场发生在他统治的第五年，第二场发生在第十一年。这两场战役成功击退了利比亚人，保卫了埃及的国家安全。

第二场战役非常艰苦。拉姆西斯三世迎战的利比亚军队由一位名叫梅舍尔（Mesher）的将军统领。然而，双方在孟菲斯附近的遭遇战还是以拉姆西斯三世的胜利而告终。梅舍尔在战役中被俘。

下图的浮雕来自麦迪那哈布神庙，描绘了梅舍尔带领一队战俘在法老身前走过。

第三过渡时期（公元前1069—公元前747年）

祭司国王

新王朝在拉姆西斯十一世死后便结束了。第二十一王朝的国王们（公元前1069—公元前946年）在塔尼斯统治着埃及北部，而在底比斯的阿蒙神殿，最高祭司们控制着埃及南部。

拉姆西斯十一世（公元前1099—公元前1069年）是新王朝的最后一位法老。他在即位的第十九年才开始真正统治国家。一位名叫埃里霍尔（Herihor）的利比亚将军是上埃及地区最重要的人物。他是埃及最富有的神庙卡纳克的最高祭司，也是南部埃及的维奇尔，埃及军队首领库什（Kush）的总督。下埃及地区的维奇尔斯门德斯（Smendes）有效地统治着三角洲地区。

权利陷阱

埃里霍尔（大约公元前1080—公元前1070年）毫不犹豫地夺取了一位国王的徽章和特征。他的名字出现在被皇室名字徽框包围的墙壁上，他的形象出现在卡纳克神庙描绘阿蒙神教的浮雕中。他接管了人身使者这一角色，而这通常由法老承担。在一幅浮雕中，他头戴双重王冠。

▶ 卡纳克的阿蒙

图中所示右边一位是西班的阿蒙神。他正与辛努塞尔特一世（公元前1965—公元前1920年）面对面。在中古时期（公元前2055—公元前1650年），阿蒙神成为皇室王朝和国家的神。每一位新上任的法老都会扩建并修缮位于卡纳克的阿蒙神庙，使得阿蒙神庙成为古埃及最富有的神庙。阿蒙神的最高祭司们在埃及有着巨大的政治和军事权力，并且从最高祭司屏奈杰姆一世（Pinudjem）（公元前1070—公元前1030年）起就成为上埃及的君主。

▲ 木乃伊隐匿处

位于国王谷的很多皇室古墓随着新王朝法老权力的衰落而受到了劫掠。屏奈杰姆一世（Pinudjem I）命令将几具木乃伊和被掠夺过的古墓中剩下的墓葬财宝转移到一个安全的隐匿之所。最终有12位法老木乃伊被藏在了位于德尔巴利的一个通道古墓中。后来在曼图霍特普二世（公元前1427—公元前1400年）古墓中又发现了8具。

屏奈杰姆一世将自己的名字徽框刻在了拉姆西斯二世的腰带上，宣布这座雕像属于他。

国王腿部立着的女性小雕像是拉姆西斯二世的妻子。

► 屏奈杰姆一世（Pinudjem）

埃里霍尔死后，斯门德斯（公元前1069—公元前1043年）与最高祭司屏奈杰姆一世分享对古埃及的统治权。屏奈杰姆一世于公元前1053年和埃里霍尔一样接受了皇室头衔及礼节。他还通过侵占卡纳克第二塔门北部的这座拉姆西斯巨大雕像而宣布自己对皇室雕像的所有权。

埃里霍尔死于公元前1070年，死在了拉姆西斯十一世之前。据说上埃及的军队首领皮安克斯（Piankhi）（公元前 1060 年）随后成为阿蒙神最高祭司。这一职位被他的儿子屏奈杰姆一世继承。然而最新研究却显示了另一种情况：皮安克斯是埃里霍尔的前任，而屏奈杰姆一世是埃里霍尔的儿子。屏奈杰姆一世通过迎娶赫努塔薇（Henuttawy）使自己的位置合法化。赫努塔薇的父亲斯门德斯是第二十一王朝的缔造者。

王朝婚姻

在斯门德斯统治的第十六年，屏奈杰姆宣布成为埃及法老。屏奈杰姆的一个儿子作为苏森尼斯一世（Psusennes I）（公元前1039—公元前991年）在塔尼斯进行统治。屏奈杰姆的另外两个儿子是玛莎拉塔（Masharata）和蒙克赫皮尔（Menkheppere）。这一职位便从蒙克赫皮尔这一支一直传承下去。蒙克赫皮尔娶了他哥哥苏森尼斯一世的女儿为妻。尽管诸位阿蒙神最高祭司和塔尼特国王之间有着很强的血缘关系，南北埃及仍继续二分而治。

▲ 最高祭司埃里霍尔

埃里霍尔的统治相对较短，但是他却监督了卡纳克孔斯神庙多柱礼堂和柱廊庭院的建成。他的古墓还未被发现，只发现了这本《死者之书》。书中他被描绘成一位头戴蛇形标志的国王，同时还发现了一个刻有他名字的手镯。

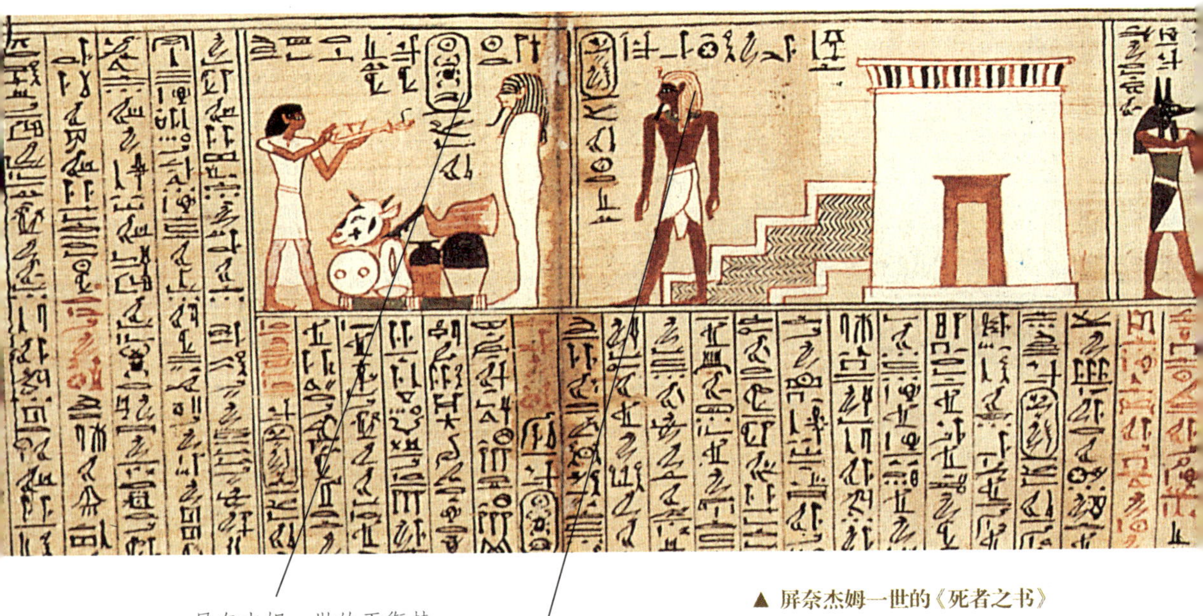

屏奈杰姆一世的王衔赫伯尔卡拉（Kheperkaura）写在了站立的法老木乃伊前面的名字徽框中。

图中屏奈杰姆一世站立在他的坟墓前，玩弄着法老的头巾和缠腰布。

▲ 屏奈杰姆一世的《死者之书》

在第二十一王朝时期，新王朝国王们的遗体被转移到了位于德尔巴利的新处所，同时被转移的还有一百多具西班祭司的木乃伊，其中就包括屏奈杰姆一世。在他的木乃伊旁边发现了这本保存完好的纸文献的《死者之书》。这本书现在存放在位于开罗的埃及博物馆内。

◀ 三角洲国王们

第二十一王朝的法老们在三角洲地区进行统治，而祭司王朝在底比斯进行着更迭。在塔尼斯进行统治的最为出色的国王之一是西班最高祭司的儿子屏奈杰姆和妻子赫努塔薇所生的儿子苏森尼斯一世（公元前1039—公元前991年）。赫努塔薇是首位塔尼特国王斯门德斯的女儿。

第三过渡时期（公元前1069—公元前747年）

王位宝座上的利比亚人

利比亚人开始统治埃及始于舍松契一世（公元前945—公元前924年），开启了埃及自拉姆西斯三世（公元前1184—公元前1153年）后短暂的复兴。

在第二十王朝（公元前1186—公元前1069年）期间，利比亚人已经在三角洲地区形成了一个强大的外国雇佣兵殖民地。第二十一王朝国王苏森尼斯二世（公元前959—公元前945 年）死后，利比亚将军舍松契夺取了政权并建立了第二十二王朝。为了使其政权合法化，他娶了苏森尼斯二世的女儿为妻并任命他的儿子伊乌普特（Iuput）为上埃及地区的统治者，阿蒙神的最高祭司，同时也是埃及军队大将军。

为了再现埃及从前的荣耀，舍松契一世重新与毕勃劳斯（Byblos）建立了贸易联系，并且派遣军队进入巴勒斯坦，很可能洗劫了圣城耶路撒冷，抢夺了大量财宝作为贡品。这使埃及在亚洲重新建立起了从前的边界并且充足了国库。位于卡纳克的舍松契一世欢宴宫廷的外墙浮雕记录了他在叙利亚–巴勒斯坦地区的胜利。

▶ **王朝的创建者**

舍松契一世（Sheshong）（公元前945—公元前924年），一位“伟大的梅什维什领导人”，是来自布巴斯提斯的利比亚部落的成员。他将其权力基地扩展到了塔尼斯和孟菲斯。公元前950年，他占领了底比斯，并且在公元前945年登基。

▲ 利比亚士兵

这幅浮雕描绘了来自利比亚梅什维什部落的士兵。他们是古埃及军队中的外国雇佣兵。

► 舍松契二世的石棺

公元前924年，舍松契二世被他的父亲奥索孔一世（Osorkon I）（公元前924—公元前889年）任命为底比斯阿蒙神庙的最高祭司。作为王位继承人，他的众多头衔之一是“南北君主”。在奥索孔一世统治的最后一年，舍松契二世与其父王共同执政。舍松契二世被安葬在塔尼斯皇家大墓地中，安放在这口华丽的秃鹫头银质棺材中。

经过20年的统治，舍松契一世任命他的儿子奥索孔一世为王位继承人。奥索孔一世（公元前924—公元前889年）作为法老继承了父亲的政策并且对孟菲斯、布巴提斯和卡纳克的神庙进行了扩建和装修。他任命儿子舍松契二世（大约公元前890年）为继承人，后者只与其父亲共同执政了一年。奥索孔一世的另外一个儿子是他和妾所生的塔克罗克一世（Takelot I）（公元前889—公元前874年）。他在舍松契二世之后继承了王位。下一任法老奥索孔二世（公元前874—公元前850年）是一位伟大的建造者。他重建了埃勒芬蒂尼的神庙，修缮了布巴提斯的神庙，并开始在底比斯建造新的神庙。奥索孔二世死后出现了王位继承的问题。他的一个小儿子塔克罗克二世（公元前850—公元前825年）在塔尼斯登基，而他同父异母的兄弟尼姆罗特（Nimlot）作为阿蒙神殿最高祭司在底比斯的权力与日俱增。

▲ **舍松契三世**

舍松契三世在他麻烦重重的统治时期内见证了埃及一个世纪统一的终结。在他在位的第八年，来自里昂多波利斯的帕迪巴斯特一世在阿蒙祭司们的支持下宣布自己为法老并创立了第二十三王朝。他统治时期正值第二十二王朝最后4位国王的统治期。舍松契三世的权力被限制在三角洲中部和东部的部分地区。

尽头的开始

在第二十二王朝的第六位国王舍松契三世统治时期内，埃及政权开始瓦解。利比亚人控制的一些城邦，如里昂多波利斯、埃拉克雷奥波利斯、塞斯和底比斯开始寻求独立。这些城邦之间都由婚姻而联系在一起。帕迪巴斯特（Pedubastis）（公元前818—公元前793年）在里昂多波利斯创立了第二十三王朝，与第二十二王朝最后的法老们处于同一时期。与此同时，巴肯雷讷夫（Bakenrenef）创立了短命的第二十四王朝（公元前727—公元前715年）。这种混乱局面使得法老库希特（Kushite）、皮伊（Piy）（公元前747—公元前716年）短暂地统一了埃及并创建了第二十五王朝。

一个戴着上埃及王冠的巨大雕像立在宏伟的大门前方。

位于塔尼斯的皇家大墓地被阿蒙神庙的围墙所包围着。

法国埃及古物学家们重建了舍松契三世大门的遗迹。

所有的神庙石块源自三角洲地区其他地方，大部分来自堪提尔（Qantir）。

▶ **塔尼斯遗址**

第二十二王朝统治者将之前第二十一王朝的首府塔尼斯作为皇家居住地，这里距离他们的家乡布巴斯提斯非常近。1939年，法国埃及古物学家皮埃尔·蒙泰（Pierre Montet）发现了第二十一和第二十二王朝时期6位国王的地下古墓，里面装满了华丽的墓葬用品。

◀ **被分割的土地**

在第二十二王朝末期，埃及分裂成了几个有影响的地区：在底比斯，阿蒙神的最高祭司掌握大权，竞争王位。第二十二王朝的法老们居住在布巴斯提斯和塔尼斯，而第二十四王朝在三角洲西部城市塞斯进行统治。总督浮雕发现于埃拉克雷奥波利斯。第二十四王朝得到了埃拉克雷奥波利斯总督们的承认。

古埃及后期（公元前747—公元前332年）

埃及的波斯人

波斯的阿契美尼德（Achaemenid）帝国是一个部落。它的核心地区位于今天的伊朗。这一帝国在公元前第六世纪迅速发展壮大起来，并在公元前525年侵吞了埃及。它一直都是一个波斯省，直到公元前404年。

公元前664年，在利比亚人控制了埃及，来自库什国的努比亚人征服了埃及，亚述人短暂侵入埃及之后，埃及人在来自三角洲城市塞斯（Sais）的一个王朝统治下重新获得了独立。塞特（Saite）法老们（公元前664—公元前525年）重建帝国，并且鼓励埃及艺术的复兴。他们与希腊人建立了亲密关系。一些希腊人在埃及军队中充当外国雇佣兵。埃及还与腓尼基（Phoenician）人建立了亲密关系，后者在航海事业上对埃及帮助很大。

最后一位塞特法老普萨美提克三世（Psamtek III）在公元前526年登基即位。他只统治了6个月就被波斯国王冈比西斯二世（Cambyses II）（公元前525—公元前522年）击垮，并夺取了对埃及的控制权。冈比西斯二世是在贝都因人的引导下穿过西奈占领埃及的。战败的法老被带到波斯首府苏塞（Susa），并被处以死刑。冈比西斯二世在塞斯登基即位时采用了埃及国王的头衔。第三世纪的埃及历史学家曼涅托（Manetho）认为他是第二十七王朝的首位国王。

▲ 达瑞尔斯（Darius）的名字徽框

波斯统治者从未在埃及居住，却成为埃及浮雕的主题之一。在浮雕中，他们身着长袍，接受法老头衔和特征。希比斯（Hibis）神庙的名字徽框中赋予达瑞尔斯一世一个赫鲁斯式名字（意思是“拥有有效意志能力”）和王衔。

政治上十分狡猾的冈比西斯二世谋求获得埃及贵族的支持。他认同埃及的信仰，并且大力支持神庙的建造，以降低波斯最大敌人希腊人在波斯日益增长的影响力。

冈比西斯二世将埃及作为波斯帝国的一个总督辖地或者说是一个省份。公元前522年，他任命了首任总督阿里安德斯（Ariandes）。总督在孟菲斯进行统治。在冈比西斯二世继任者达瑞尔斯一世（公元前522—公元前486年）统治时期，阿里安德斯自助式的统治风格把埃及带到了起义边缘。总督超越了本职权限，铸造并发行自己的货币。达瑞尔斯将其处死，并引出新政策来管理这一省份。他改革了法律系统和官僚机构，并且监督完成了连接尼罗河和红海的隧道。

▼ 风格合成

阿契美尼德法老们在深入波斯腹地的苏塞和波塞波利斯（Persepolis）统治埃及，但是埃及文化有时也影响了他们。在波塞波利斯的达瑞尔斯一世宫殿的传统波斯装饰在埃及、希腊和美索不达米亚主题的影响下得到了丰富并形成了一个独特的新风格。

▼ 达瑞尔斯一世

波斯人明白，他们只要保持而不改变制度，就能够在20个左右的总督的辖地维持秩序，收取贡品。达瑞尔斯一世尤其精于此道。他抛弃了重建的神庙，并且为阿蒙神、欧西里斯和其他卡加绿洲地区希比斯的神灵们建立了一座新的圣殿。

达瑞尔斯所戴的波斯风格头饰出现在波塞波利斯的浮雕上。在埃及，他一般都是以传统的法老形象出现。

半狮半鹫的怪兽主题很类似于插上双翼的斯芬克司。但是这一主题源于美索不达米亚。

展开双翼的太阳圆盘是从埃及引进的。这被认为是波斯阿胡拉玛兹达（Ahuramazda）神的象征。

战争与和平

然而，达瑞尔斯的改革热情受到了与希腊之间战争的遏制。波斯于公元前490年战败。埃及又一次开始了反抗。但是达瑞尔斯的继任者薛西斯（Xerxes）（公元前486—公元前465年）重建了秩序，并且任命他的兄弟阿塔薛西斯（Artaxerxes）为总督。事实证明阿塔薛西斯的统治非常稳定。他继承薛西斯成为国王（公元前465—公元前424 年）并且于公元前460年左右回到埃及镇压了一次起义。

波斯继续统治埃及25年左右，但是到了公元前404年，起义精神卷土重来。塞斯的阿米尔泰乌斯领导起义驱逐了新上任的总督阿塔薛西斯二世。阿契美尼德人陷入了王朝混战，争夺对帝国的统治权，并没有马上试图夺回对埃及的统治。

▼ **檐壁上的一队弓箭手**

法国考古学家在1884年和1886年期间挖掘出了达瑞尔斯一世在苏塞的宫殿遗址，他们发现了这幅浮雕，现存放在巴黎卢浮宫内。浮雕用着色的光滑砖块制成，展现了一队波斯武士带着武器的场景，但是他们身上穿的却不是战斗服装而是仪式服饰。他们是名为“不朽”的，由1000人组成的强大波斯精英部队的成员。这支部队也雇佣外国士兵，很多都是希腊人。

◀ 希比斯神庙

利比亚沙漠卡加绿洲地区西比斯的神庙建筑群是后期时期(公元前747—公元前332年)规模最大、保存最为完好的神殿。神殿供奉着阿蒙神和欧西里斯,对几百位埃及神灵进行了描绘。这座神庙始建于塞特法老普萨美提克二世(Psamtek II)(公元前595—公元前589 年),于达瑞尔斯一世统治时期完工并得到修缮。达瑞尔斯出现在浮雕上,正在向埃及众神进贡。这座神庙标志着阿契美尼德帝国最西端的边界。

在希比斯神庙中,达瑞尔斯被描绘成一位身穿短缠腰布,头戴上埃及王冠的法老。

两位神灵正在接受赫尔莫波利斯朱鹭头的托特和他的妻子娜波梅塔薇(Nebmetaway)的进贡。

▼ 对冈比西斯二世的"亵渎"

希罗多德(Herodotus)和其他古典作家都将冈比西斯二世刻画成对埃及浮雕完全不屑一顾,损毁神庙,并且杀死了阿毕斯(Apis)神牛的形象,神牛被葬在下图所示的位于萨卡拉的塞拉皮雍神庙(Serapeum)。然而,这些作家写作信息的来源受到了反埃及的希腊人的影响。考古发现所展示的正好相反。在冈比西斯二世统治期间,两头阿毕斯神牛死后受到了隆重的安葬,同时在塞斯的奈特神庙也正在重建。

被看作法老的亚历山大大帝

公元前332年年末，将波斯人驱逐出尼罗河谷的亚历山大大帝作为解放者受到了埃及人的热烈欢迎，将其视为法老。

亚历山大出生于公元前356年。他是马其顿（Macedonia）国王菲利普二世（Philip II）的儿子。菲利普改革了军队，使其成为最坚不可摧的军队。而后，他通过一系列的征服战役扩大了王国的版图。公元前338年，他征服了雅典人，完成了对希腊的控制。不久之后，他就让儿子熟悉政务，并且让他参与到战争中来学习战争的艺术。菲利普请哲学家亚里士多德来教育自己的儿子。亚里士多德更多教会了亚历山大理想城邦和科学方面的知识，而非政治和伦理知识。在父亲被谋杀之后，20岁的亚历山大继承了父亲的王位及其野心。

成为希腊联邦首领后，亚历山大准备征服波斯帝国。他先到达小亚细亚（今土耳其）夺取了希腊城邦，而后在公元前333年的伊苏斯战役中打败了达瑞尔斯三世。征服叙利亚后，亚历山大进入埃及，代替达瑞尔斯成为法老。

来年，亚历山大在尼罗河三角洲和地中海沿岸的交汇处创立了第一个，也是目前为止以他名字命名的众多城市中最有声望的城市。部分由于它的地理位置，亚历山大城成为一个繁荣的商业中心和伟大的文化中心。

▶ **亚历山大名字徽框**

这个名字徽框中的象形文字从发音上可以翻译成亚历山大的名字。

▼ 建造者亚历山大

亚历山大重建了被波斯人忽视的神庙，并且为供奉埃及众神建造了很多新的纪念碑。在卡纳克附近的卢克索神庙（下图）是他为圣船建造的礼堂。

◀ 亚历山大在埃及

锡瓦之行后，亚历山大在孟菲斯的布塔神庙加冕。似乎埃及人民，从祭司到农民，没有人觉得亚历山大是外国人有何不妥，也没有人因为他在整个统治期间都不在埃及而感到烦恼。

◀ 征服者亚历山大

埃及只是亚历山大从波斯人手中夺取的大片土地的一小部分。在他去世时，他的帝国将国土从地中海扩展到印度河（Indus river）。在埃及的短短几个月中，亚历山大以希腊模式改革了税费制度，并且组织了对埃及的军事占领。但是在公元前331年年初，他离开亚洲追击波斯人，便没有再活着回来。

▶ 敬拜阿蒙神

卢索尔神庙的驳船礼堂被最初绘制的浮雕所装饰。浮雕描绘了法老亚历山大敬拜“父亲”阿蒙-拉神的不同的场景。在这个场景中，他正做着敬拜的动作。

阿蒙神戴着羽毛头饰，上面还有帽子和带子。

亚历山大戴着蓝色王冠，正在敬拜阿蒙神。

▶ 众神之王

埃及的万神之首阿蒙神地位相当于希腊最高神宙斯。阿蒙神在锡瓦绿洲的神殿中“承认”亚历山大为自己的儿子。亚历山大通过建造纪念碑来感谢他的“父亲”，例如在卢索尔神庙内部的礼堂。

阿蒙作为“众神之王”以多种形式出现，这种标有挺立的阴茎的形象是其中之一。

亚历山大准备向他的“上帝之父”阿蒙祈祷。

知识窗

亚历山大古墓在何处?

亚历山大于公元前323年返回巴比伦,并在同年死于高烧。根据传统,他应该被安葬在马其顿,在其父亲菲利普二世旁边。但事实上托勒密一世在前往埃及的途中将亚历山大的遗体转移到了埃及,先到了孟菲斯,然后到了亚历山大城,并在那里将其安葬。亚历山大古墓在古时被频频访问,特别是受到了未来的奥古斯塔斯(Augustus)国王奥克塔维恩(Octavian)的拜访。在现代纪元的最初几个世纪,亚历山大古墓的具体位置便不为人知了。

在西顿(Sidon)发现的石棺被认为属于亚历山大,因为里面有刻画胜利者的浮雕。

为了使权力合法化,也为了被承认为法老的后裔,亚历山大向孟菲斯的埃及众神进贡,并且参考利比亚沙漠锡瓦绿洲的阿蒙–拉神谕。在神殿深处,阿蒙–拉神“承认”亚历山大为自己的儿子(这样就延续了法老血脉),并且承诺他可以统治整个世界。这是众神讲给所有法老的话,希腊人将这个信息当做一个寓言。

寓言被众人所知后,亚历山大几乎没有时间对埃及的政治或经济结构产生真正的影响。他最终死于高烧。他死后,其同父异母兄弟菲利普·阿黑大由斯(Philip Arrhidaeus)(公元前323—公元前317年)和他的儿子亚历山大四世(公元前317—公元前310年)都试图保持辽阔帝国的完整。然而,帝国很快就分割成一系列小国,受到了敌对将军们和他们的后代的统治。在埃及,托勒密一世(Ptolemy I,拉戈斯(Lagos)之子)接管政权,并创立了托勒密王朝(公元前305—公元前30年)。

克利奥帕特拉，最后的女王

克利奥帕特拉出现在艺术、文学和音乐中。她是最为著名的埃及人。她在公元前30年的自杀结束了3000年古埃及历史的最后一章。

公元前51年，克利奥帕特拉七世菲拉帕托尔（Cleopatra VII Philopator）（公元前51—公元前30年）继承埃及王位。此时，罗马已是地中海地区的主导力量。然而，聪慧过人，且具有超强政治能力的克利奥帕特拉却决定维持埃及的独立。与父亲共同摄政后，克利奥帕特拉在18岁就继承了父亲托勒密十二世（Ptolemy XII Neos Dionysos）（公元前80—公元前51年）的王位。然而根据父亲的遗嘱，她必须嫁给她的最大的弟弟托勒密十三世（公元前51—公元前47年），并和他共同分享王位，尽管，他当时只有10岁。

▶ **女王正面**

和之前很多女王一样，克利奥帕特拉头上戴着埃及象征女神奈库贝特的秃鹫形状的头盔。

克利奥帕特拉和恺撒大帝的会面

克利奥帕特拉继承王位后不久，一场政治斗争就在克利奥帕特拉和托勒密十三世之间展开了。托勒密十三世在公元前48年将克利奥帕特拉驱逐了一小段时间。此时罗马也非一切顺利。庞培（Pompey）、恺撒（Julius Caesar）和克拉苏（Crassus）所组成的3人执政模式也开始出现分裂。此时，恺撒在法萨卢斯战役中挤垮了庞培。庞培逃到埃及，并被托勒密十三世的支持者谋杀，因为他们希望得到恺撒（恺撒紧随庞培来到了埃及）的支持。克利奥帕特拉并不会轻易被战胜。她用她迷人的魅力征服了恺撒。

恺撒在亚历山大城住了几个月，在内战中打败了托勒密十三世，在公元前47年帮助克利奥帕特拉重回王位。他们诞下了爱情结晶——托勒密十五世小恺撒（Ptolemy XV Caesarion）。恺撒和克利奥帕特拉梦想着建立一个罗马和埃及统一后的全新王朝。在恺撒启程镇压他在小亚细亚的敌人前，他说服克利奥帕特拉嫁给了她两个弟弟中年龄较小的弟弟托勒密十四世菲拉帕托尔，那时他还只是个孩子。

▼ 水下历史

因为埃及海岸水面的不断变化，很多考古遗址都已沉入水底。1995年在亚历山大城沿岸的一次探险发现了克利奥帕特拉的宫殿。并从中打捞起很多雕像和石头碎片。她是托勒密王朝的最后一位国王，将其统治建立在亚历山大城。

这座托勒密雕像沉寂海底超过2 000年，在1995年被重新发现。

强大的水织机曾被用来揭示古埃及财宝。然而，它们所带来的海浪和砂石却已经对古埃及财宝的状况造成破坏。

◀ **克利奥帕特拉的儿子**

托勒密十五世·小恺撒是克利奥帕特拉和恺撒大帝之子。他从公元前44—公元前30年和母亲一同执政。在埃及被罗马军团打败后，这位政权的合法继承人被奥克塔维恩杀死，因为他将小恺撒视作威胁。

在这块雕像石头或称石板上，小恺撒在为埃及神阿蒙神举行的仪式的最左边。

▼ **克利奥帕特拉的祖先**

克利奥帕特拉是最后一位托勒密法老。托勒密源自希腊，从公元前332—公元前30年统治埃及。托勒密王朝的缔造者是托勒密一世·索特（Ptolemy I Soter）（公元前305—公元前285年）。他在亚历山大大帝（公元前332—公元前323年）死后埃及内部政权纷争时成为埃及的领导者。

托勒密人保持着他们的希腊文化和语言，只有克利奥帕特拉将自己和人民等同，并且使用他们的语言。尽管托勒密人有着希腊背景，但是他们尊敬埃及的宗教。这幅浮雕来自登达拉神庙，它展示了托勒密八世埃乌尔太斯二世（Euergetes II）（公元前170—公元前116年）和克利奥帕特拉二世向众神献酒献花的场面。

作为埃及女王，克利奥帕特拉拥有自己的王衔徽框。

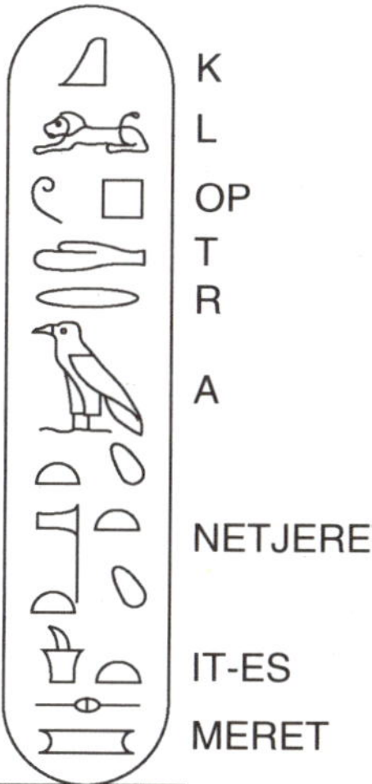

这些象形文字翻译为“克利奥帕特拉，她父亲挚爱的女神”。

克利奥帕特拉在公元前46年跟随恺撒来到了罗马。然而在公元前44年，恺撒被暗杀。之后克利奥帕特拉回到埃及，命令处死她的弟弟托勒密十四世。她任命自己和恺撒的儿子与她共同执政。

克利奥帕特拉和马克·安东尼

在罗马，政权被马克·安东尼和奥克塔维恩（后来的奥古斯塔斯大帝）掌握。马克·安东尼统治罗马帝国东部，奥克塔维恩统治西部。当安东尼命令克利奥帕特拉与他在塔鲁苏斯（Tarsus）见面时，她满载礼品迎河而上去向他致意。

马克·安东尼马上被克利奥帕特拉迷住了，并跟随她来到了亚历山大城。公元前40年，安东尼返回罗马与奥克塔维恩艰难讲和，不情愿地娶了奥克塔维恩的妹妹奥克塔维亚（Octavia）。3年后，安东尼意识到他和奥克塔维恩之间的分歧是无法调和的，于是又一次东渡，希望能够利用克利奥帕特拉的金钱去攻打波斯。他的战争失败了，不过他娶了克利奥帕特拉，后者为他生了一对双胞胎。安东尼便开始将帝国东部的部分地区赠予克利奥帕特拉和她的孩子。

面对着安东尼对罗马公然的背信弃义和对其本人的侮辱，奥克塔维恩大举入侵埃及，并于公元前31年在希腊北部海岸的阿克提乌姆（Actium）的一场海战中打败了安东尼，这不仅是因为克利奥帕特拉的舰队不明不白地撤退并回到了埃及。一年后马克·安东尼自杀。

克利奥帕特拉不愿意在奥克塔维恩面前低头，也不想被他当做战利品带回罗马。于是，她让剧毒眼镜蛇狠狠咬了一口，自杀了，因此也躲避了战败的侮辱。她的死预示着法老帝国的终结。